[illegible]GRAPHIE

DES

CHARTES ET DES MANUSCRITS

DU XIe AU XVIIe SIÈCLE,

PAR ALPH. CHASSANT,

BIBLIOTHÉCAIRE DE LA VILLE D'ÉVREUX ET CORRESPONDANT DU [illegible]
DE L'INSTRUCTION PUBLIQUE POUR LES TRAVAUX HISTORIQUES.

Chaque siècle a sa façon d'[illegible]

P[illegible]

Prix : 8 francs.

ÉVREUX,

IMPRIMERIE DE J.-J. ANCELLE FILS.

1839.

PALÉOGRAPHIE

DES

CHARTES ET DES MANUSCRITS

DU XIe AU XVIIe SIÈCLE,

PAR ALPH. CHASSANT,

BIBLIOTHÉCAIRE DE LA VILLE D'ÉVREUX ET CORRESPONDANT DU MINISTÈRE DE L'INSTRUCTION PUBLIQUE POUR LES TRAVAUX HISTORIQUES.

Chaque siècle a sa façon d'écrire.
PLUCHE.

ÉVREUX,
IMPRIMERIE DE J.-J. ANCELLE FILS.

1839.

CET OUVRAGE SE TROUVE :

A ÉVREUX, chez l'Auteur;

A PARIS, chez Dumoulin, libraire, quai des Augustins, 13.

AVERTISSEMENT.

Si les connaissances paléographiques étaient plus répandues, on verrait moins de titres précieux détruits par ignorance; les dépôts d'archives et les bibliothèques de manuscrits seraient dans un meilleur ordre; les travaux de dépouillement s'exécuteraient avec plus d'activité; les commissions, les correspondants historiques seraient plus à même, à l'aide de copistes habiles, de remplir sûrement et promptement la mission qui leur est confiée; et enfin un plus grand nombre d'Écrivains reconnaîtraient que toute histoire ne saurait être mieux écrite et plus fidèlement traitée que les preuves en main. Mais où les puiser, ces connaissances paléographiques, pour ceux qui demandent à les acquérir? Est-ce dans d'énormes ouvrages de Diplomatiques? Mais, comme l'a dit un Ministre [1] aussi profond érudit qu'ardent investigateur de nos archives nationales, « nos Traités de Paléographie qui sont entre les mains de nos Savants, ne sont que d'un faible secours pour ceux qui veulent se livrer à cette étude. Les ouvrages des Bénédictins sont trop volumineux ou manquent

[1] M. Guizot, Rapport au Roi, sur l'État des Travaux historiques.

de méthode; d'autres offrent des planches mal exécutées; les Traités allemands sont d'une science diplomatique trop haute et ne peuvent être utiles que pour les manuscrits germaniques. » En général, on peut même dire que tous ces Traités contiennent plus de Diplomatique que de Paléographie, proprement dite. C'est donc un ouvrage élémentaire qu'il faut, une méthode aussi claire que précise, qui apprenne à soulever toutes les difficultés que présente la lecture des écritures anciennes; qui, par son format commode et portatif, puisse accompagner l'investigateur ou le copiste de documents historiques! Cette méthode, nous venons l'offrir aujourd'hui : on jugera de son utilité; si elle peut être bien accueillie de ceux qui la prendront pour guide, nous leur dirons : hâtez-vous d'apprendre, pour utiliser, avant leur entier dépérissement, les monuments écrits qui s'altèrent chaque jour!

PALÉOGRAPHIE

DES CHARTES ET DES MANUSCRITS.

La Paléographie est la science des anciennes écritures : c'est par elle qu'on parvient à déchiffrer tous les monuments écrits qui nous sont restés de l'antiquité et du moyen âge. Tels sont, pour cette dernière époque, à laquelle nous nous bornons en partie, les inscriptions, les monnaies et les médailles, les sceaux, les manuscrits, les diplômes, les chartes et tous titres sur parchemins.

Quoique nous ne l'appliquions, dans cette méthode, qu'au déchiffrement des manuscrits, diplômes, chartes et autres titres, cette Paléographie spéciale n'en est pas moins importante : les matériaux sur lesquels elle s'exerce étant très-nombreux, son étude se fait sentir bien davantage par les secours qu'on en peut tirer en diverses circonstances, et spécialement pour notre histoire nationale à laquelle elle offre les moyens de puiser, à leurs véritables sources, les documents qui doivent l'éclairer sur les origines, les vicissitudes et les particularités de notre langue, de notre littérature, de nos mœurs, de nos usages, de nos coutumes, de nos lois, de nos sciences, de nos arts, de nos monuments, etc., etc.

Ainsi la Paléographie, telle que nous l'entendons ici, ne comprend pas seulement, comme on pourrait le croire d'abord, l'étude des difficultés purement matérielles de l'écriture, elle exige encore des connaissances auxiliaires, sans lesquelles on ne posséderait qu'imparfaitement la science du déchiffrement.

Donc, à l'étude des alphabets, des liaisons et conjonctions de lettres, des signes abréviatifs, orthographiques, de corrections et des chiffres, nous y joindrons les connaissances indispensables du style, de l'orthographe et des divers modes d'abréviations en usage dans les anciennes écritures.

Voilà en quoi consiste la Paléographie, proprement dite, qu'il ne faut pas confondre avec la diplomatique, comme l'ont fait quelques-uns, bien que ces deux sciences se prêtent un mutuel secours : cette dernière ayant plus pour objet la critique des monuments écrits que leur déchiffrement.

Nous diviserons cette méthode en trois parties :

La première résumera d'une manière méthodique et précise les principales connaissances qu'il importe d'acquérir d'abord, pour bien se préparer à la lecture des chartes et des manuscrits.

La deuxième traitera des abréviations usitées au moyen âge et de leurs différents systèmes. C'est dans cette partie qu'on apprendra à résoudre une des plus grandes difficultés des écritures anciennes.

La troisième enfin contiendra 1° quelques observations préliminaires sur la lecture et la transcription des chartes et des manuscrits; 2° la reproduction en caractères usuels des écritures représentées dans les planches; 3° un aperçu sur la constitution ou le caractère particulier de l'écriture de chaque siècle avec l'indication des principales difficultés qui s'y rencontrent.

PREMIÈRE PARTIE.

DES

DIFFICULTÉS MATÉRIELLES ET ACCESSOIRES

DE L'ÉCRITURE.

On ne doit jamais perdre de vue que les règles de la Paléographie souffrent de nombreuses exceptions.

Nouv. Diplom. des BB.

I.

ALPHABETS.

La connaissance des caractères alphabétiques, propres à l'écriture de chaque siècle, est de première nécessité dans l'étude du déchiffrement.

Pour bien se familiariser avec les formes de chaque élément, on devra :

1° Passer en revue les deux alphabets, et principalement les minuscules [1] si multipliées dans l'écriture ;

1 Dans les alphabets représentés dans les planches, les lettres sont rangées dans le même ordre que les nôtres ; toutes celles d'égale valeur sont renfermées entre deux points.

2° Etudier la forme propre à chaque lettre, avec sa valeur;

3° Remarquer les lettres qui ont une tendance à se ressembler par la forme, et dont la valeur différente peut occasionner des méprises et nuire à l'intelligence des mots où elles se trouvent. Par exemple, on est porté, dans les écritures du XVIIe au XIVe siècle inclusivement, à prendre par plus ou moins de ressemblance,

b.	pour	v.	*et vice versâ*,	17e siècle excepté.
c.	—	e.	*id.*	
g.	—	q.	*id.*	
h.	—	s.	*id.*	14e siècle excepté.
j.	—	i.	*id.*	
l.	—	c.	*id.*	
n.	—	u.	*id.*	
o.	—	r.	*id.*	
p.	—	x.	*id.*	17e siècle excepté.

Observer enfin la différence des formes dans les lettres de même valeur (c'est pour cette raison que dans les alphabets, on a représenté les différentes formes sous lesquelles on est exposé à rencontrer une même lettre).

De là passer aux liaisons.

II.

LIAISONS ET CONJONCTIONS DE LETTRES.

Dans les écritures cursives des XIVe, XVe, XVIe et XVIIe siècles on rencontrera souvent des liaisons et conjonctions de lettres qui présenteront de l'obscurité. C'est pourquoi, outre les enjambements de mots les uns sur les autres, les entrelas, les ligatures, les passes et toutes les licences que se permettaient les écrivains prétentieux des derniers siècles, on fera bien d'examiner attentivement, dans l'écriture de chaque siècle,

1° Toutes les lettres liées [1] et les lettres conjointes [2] les plus fréquentes;

2° Les liaisons et les conjonctions qui ont une fausse ressemblance et pourraient induire en erreur;

3° Les mêmes lettres différemment liées ou conjointes;

4° Enfin l'altération que les lettres sont susceptibles d'éprouver par l'effet de la liaison ou de la conjonction.

III.

SIGNES ABRÉVIATIFS.

Les signes abréviatifs constituent une des principales difficultés matérielles de l'écriture; pour en avoir la clef, il faut recourir au chapitre des abréviations, où non-seulement on trouvera une entière explication des signes abréviatifs, de leur nombre, de leurs figures, de leur valeur, de leur emploi, mais encore on y apprendra à connaître les divers modes d'abréger des scribes et des copistes du moyen âge.

Jusqu'à ce qu'on soit parfaitement instruit sur cette partie essentielle de la Paléographie, les tableaux d'abréviations, qui accompagnent les planches d'écritures, seront

[1] Les lettres liées sont celles qui sont unies par un délié.

[2] Les lettres conjointes diffèrent des lettres liées en ce qu'elles sont si étroitement unies, qu'elles perdent presque toujours une partie d'elles-mêmes. Voyez les liaisons ha, ma, po, ra, re, ri, du XIVe siècle.

d'un grand secours pour l'interprétation des abréviations qui se rencontrent le plus fréquemment dans les titres. Les signes abréviatifs y sont figurés avec leur signification et leur emploi, à mesure qu'ils se montrent usités de siècle en siècle.

IV.

SIGNES ORTHOGRAPHIQUES.

Rien de plus irrégulier, rien de plus arbitraire dans l'emploi comme dans la forme du petit nombre de signes orthographiques qui se montrent dans les anciennes écritures. Il est beaucoup de titres où ils sont même négligés.

Pour faciliter l'intelligence de ces signes, voici les remarques les plus générales :

Au XIe siècle le point rond (.) sert pour les deux points et la virgule; et l'un de ces signes (·;, ʃ, ⁊;) pour le point.

Dans ce siècle, comme dans les suivants, les sigles ou lettres isolées, les lettres numérales, les mots inachevés, sont souvent accompagnés d'un point.

Exemple : T. ou Test. pour *testibus;* Rothom. *Rothomagensis;* W. *Willelmus;* x.viij. *dix-huit*, etc.

Au XIIe siècle la figure la plus ordinaire du point et de la virgule, ressemble assez à notre virgule renversée (◡), mais on trouve également le point rond (.), pour exprimer tantôt la virgule, tantôt le point.

Dans ce siècle et quelquefois au XIe, on employait pour les deux points cette figure (⸵) quelques écrivains s'en sont servi indistinctement pour marquer les différents membres d'une période.

Au XIIIe siècle, dans les manuscrits comme dans les chartes, les signes de ponctuation sont bien négligés. Dans ce siècle, disent les savants BB. diplomatistes, on substitua des accents (/) plutôt que des virgules à tous les points, en conservant néanmoins les accents ou les virgules couchées (/) dans les endroits où le sens n'était qu'un peu suspendu.

Au XIVe siècle on trouve le point rond (.) à la fin des phrases et les petites barres obliques très-fines (/) pour marquer les différentes pauses du discours. Elles tiennent en quelque sorte lieu de notre virgule.

Au XVe siècle comme au précédent, le point rond (.) pour le point final, et les barres inclinées pour les autres pauses (/).

Au XVIe siècle, on employait le point rond ou carré (..) la virgule (,) et les deux points ronds ou carrés (: :) dans le même sens que les nôtres, on ne se servait pas encore du point et virgule (;).

Au XVIIe, le point (.), les deux points (:), le point et virgule (;) remplissent les mêmes fonctions que les nôtres.

Quant aux points d'interrogation et d'exclamation, ils ont été tout aussi peu régulièrement suivis que les autres signes de ponctuation; telles sont les formes sous lesquelles on les rencontre le plus ordinairement du XIe au XVIIe siècle.

Point d'interrogation : (?)

Point d'exclamation : (o. 'o ȱ .o. !)

A l'égard de ce dernier, plusieurs copistes ont figuré l'exclamation par deux points mis à la fin de la phrase, exemple : *O faciem pulchram :*

D'autres, par deux points placés au-dessus du premier mot de la phrase exclamative, exemple : *proh dolor*.

D'autres enfin, par le signe d'interrogation ou tout autre.

Du XIe au XVe siècle inclusivement, on trouve des accents sur les i (í), particulièrement lorsqu'ils sont voisins des lettres *i*, *m*, *n*, *u*, ce qui sert à les distinguer. Ce ne fut qu'au XVIe que les points sur les i remplacèrent les accents.

Les accents aigu, grave, circonflexe, dont nous nous servons si utilement aujourd'hui, n'étaient pas connus des anciens écrivains; on verra à l'article orthographe, comment ils y suppléaient.

Nous en pouvons dire autant de l'apostrophe, de la cédille, du tréma, du tiret [1], qui n'ont commencé comme les accents à être usités qu'au XVIe siècle, quoique quelques-uns d'entre eux aient pu se montrer vers la fin du XVe siècle.

La parenthèse d'un usage très-ancien se trouve exprimée dans les manuscrits, tantôt par deux traits demi-circulaires ainsi disposés ( ), tantôt par deux crochets plus ou moins allongés [ ].

Les guillemets, dont la fonction est de désigner une citation, se reconnaissent, soit par un trait horizontal (—), soit par une sorte de 7, soit par de petites *s* renversées (ƨ), soit enfin par de longues virgules, ou sorte d'accents (,,) placés en tête de chaque ligne.

[1] On pourrait dire que le tiret ou trait d'union a été connu par les anciens copistes, en ce sens qu'ils l'employaient sous la forme de deux traits obliques (//) à la fin des lignes, pour indiquer qu'un mot inachevé se terminait au commencement de la ligne suivante.

V.

SIGNES DE CORRECTION.

Voici les différents modes de correction généralement adoptés par les anciens correcteurs de manuscrits et par les écrivains eux-mêmes.

Pour retrancher un mot inutile, ils mettaient un point sous chaque lettre de ce mot.

Exemple : *Bonum vinum non amabat.*

S'il n'y avait qu'une ou deux lettres à supprimer dans un mot, ils les désignaient par un point également mis au-dessous.

Exemple : *Edificavit.* Voulaient-ils substituer un mot à un autre, une lettre à une autre lettre ? ils sous-ponctuaient encore le mot ou la lettre à enlever, et traçaient au-dessus la correction.

Exemple : *quid* petis *queris*, c'est-à-dire *quid petis*, au lieu de *quid queris*. Voyez les mots *facimus, suum, meos, scapulus, miserum* (Pl. VIII, case 3, ex. II.), où les corrections à faire sont indiquées, au lieu de *facimus*, il faut lire *fecimus*, *suam* au lieu de *suum*, et ainsi des autres.

Si une lettre devait être ajoutée dans un mot, elle était tracée immédiatement au-dessus de l'espace qu'elle devait occuper dans le mot. (Voir Pl. VIII, case 3, ex. I, les mots *vinea, abbas, evangelista, videbunt, mea, dixit*).

Lorsqu'un ou plusieurs mots se trouvaient transposés, deux petites barres obliquement jetées au-dessus et en tête de chacun de ces mots faisaient connaître que le dernier accentué devait se mettre à la place du premier.

Exemple : *edificant* ″*hortos et plantant* ″*domos*, c'est-à-dire *edificant domos et plantant hortos*.

Pour un mot omis, une phrase oubliée ou à substituer, une citation, une correction importante, le signe de renvoi à la marge consistait ordinairement en deux petits traits obliques (″). Exemple :

″*petendum* | *avarus ad* ″*promptus, ad dandum tardus*,

c'est-à-dire *avarus ad petendum, promptus ad dandum tardus*.

Tels sont les moyens ordinaires de correction; on peut en rencontrer d'autres, mais ils sont si arbitraires, que nous n'avons pas jugé à propos d'en parler.

VI.

CHIFFRES.

Les chiffres romains ou lettres numérales, offrent peu de difficultés sous le rapport de leurs formes; il arrive seulement qu'exprimés le plus souvent par des caractères minuscules [1], ces chiffres tendent à se confondre avec les autres lettres, surtout dans l'écriture cursive. On évitera donc de prendre les nombres qu'ils représentent pour des mots abrégés ou autres, et l'on devra moins s'attacher à leurs formes qu'aux diverses combinaisons entre eux, pour figurer soit le même nombre, soit des nombres différents.

[1] Excepté les lettres C, L et quelquefois V, qui sont ordinairement capitales.

Quant aux chiffres arabes, ils exigent plus d'attention. Quoique connus en France au XIIIe siècle, ils n'ont guère commencé à être d'un usage vulgaire, que vers la fin du XVe, et n'ont été employés dans les actes qu'au XVIe siècle. On les rencontre dans les manuscrits bien avant cette époque, spécialement dans ceux qui traitent de mathématiques, d'astronomie, d'arithmétique et de géométrie, on s'en est servi aussi pour les chroniques, les calendriers et même pour chiffrer chaque feuillet ou chaque cahier des manuscrits. Cependant l'usage des chiffres romains a longtemps prévalu; ils se sont maintenus constamment dans les actes pour marquer les dates jusqu'au XVIIe siècle.

La forme des chiffres arabes n'a pas moins varié que celle de notre écriture, c'est pour cette raison qu'il faut étudier sur le tableau,

1° Les différentes formes que chaque signe affecte;

2° Les rapprochements qui existent entre des chiffres de différente valeur et les accidents qui les distinguent;

3° Enfin leurs diverses combinaisons avec les nombres qui en résultent.

Quelques écrivains ont quelquefois combiné les chiffres arabes avec les chiffres romains; ils mettaient X2 pour 12, X3 pour 13, XX4 pour 24, etc., etc., mais ces exemples sont peu communs.

VII.

STYLE.

Nous avons dit qu'indépendamment des difficultés purement matérielles de l'écriture, il s'en rencontre d'autres dont la solution n'est pas moins importante.

En effet, quels obstacles ne se présentent pas encore, si un mot dont on a bien déchiffré toutes les lettres qui le constituent et les divers signes accidentels qui le caractérisent, appartient ou à la basse latinité, ou à notre vieille langue, ou à une orthographe vicieuse, ou enfin à une abréviation qui le rend tout à fait obscur? il peut à la fois être enveloppé de toutes ces difficultés. On comprend que la science paléographique serait incomplète, si elle ne s'attachait pas à les résoudre.

Ainsi, à l'égard du style informe de la basse latinité et du vieux français, il se présentera bon nombre de mots qui feront hésiter dans le déchiffrement, par l'impossibilité de s'en rendre compte; qu'on trouve par exemple les mots latins suivants :

Listra, scambiare, abotat, guerpire, warantizare, relegium, merelli, treuga, etc., etc., et ceux-ci en français :

Cuens, ensieut, pieca, warder, ensement, ens, prou, tuit, vezci, quanque, consaux, etc., etc.,

Ne s'imaginera-t-on pas avoir mal lu, par cela même qu'on ignore leur signification, tandis que l'incertitude cessera, si on réfléchit que ces mots inintelligibles peuvent appartenir au style de l'une ou de l'autre langue que nous venons de signaler, et qu'on doit alors pour s'en assurer consulter les ouvrages qui suivent :

Pour le bas latinisme : Le Glossaire de Ducange et son supplément, par Dom Charpentier; le Dictionnaire de diplomatique ou étymologique des termes des bas siècles, par Montignot.

Pour le bas gallicisme : Le Glossaire de la langue romane de Roquefort;—du bas Gallicisme, contenu dans le 4e volume du supplément au Glossaire de Ducange; — du

Droit français d'Eusèbe de Lorière; le Dictionnaire du vieux langage français, de Lacombe;—Praticien gothique de la diplomatique de Lemoine; l'Introduction à la pratique, contenant l'explication des principaux termes de pratique et de coutume, par Cl. de Ferrière.

Ces ouvrages donneront en outre l'explication d'une infinité d'expressions de formules, de termes d'usage, de pratique et de coutume, dont la connaissance est également utile, sinon pour la lecture, du moins pour l'intelligence du sujet qu'on déchiffre.

VIII.

ORTHOGRAPHE.

Pour être aidé dans le déchiffrement de plusieurs mots inintelligibles qui se montrent dans les anciennes écritures, il ne suffit pas de connaître les termes du bas latinisme et du bas gallicisme, il est bon aussi d'avoir quelques notions sur l'orthographe des anciens.

Au moyen âge, la langue latine chargée d'une multitude de mots étrangers, plus ou moins barbares, acheva de se corrompre par une orthographe vicieuse. Ainsi, dans les manuscrits et les actes latins du XIe au XVIe siècle inclusivement, on remarquera une quantité de mots défigurés, soit par le changement, soit par l'addition, soit par le retranchement d'une ou plusieurs lettres, outre les altérations qui résultent de l'ignorance et de l'inadvertance des écrivains. Nous donnons ici la liste des fautes qui se commettaient le plus fréquemment.

PAR CHANGEMENT :

b *pour* p : *obtimus*, *scribta*, *obponeret*.

b *p*r v : *octabas*, *vibens*, *cibitate*.

c *p*r d : *quicquid*.

c *p*r t : *eciam*, *tercio*, *graciam*, *quocies*, *peticione*.

c *p*r qu : *cotidie*, *coniam*, *cocus*, *condam*, *coque*, *cando*, *catenus*, *cas*, *secana*.

d *p*r t : *adque*, *adtamen*, *capud*.

e *p*r æ, œ : *mee*, *sancte*, *nostre*, *seculum*, *heres*, *hec*, *celum*.

f *p*r ph : *fisicos*, *faramundus*, *dalfinus*, *fisica*.

i *p*r j : *deiicere*, *iustitiam*.

k *p*r c : *karissimi*, *kalendas*, *karta*, *karitatis*.

k *p*r qu : *ki*.

q, qu *p*r c : *mequm*, *pequnia*, *sequs*.

q *p*r qu : *equs*, *qoniam*, *eqivalet*.

t *p*r d : *haut*, *set*, *quit*, *aput*.

u *p*r i : *estumare*, *optumus*.

u *p*r v : *paruum*, *uerum*, *inuenit*.

v *p*r u *vnum*, *vnquam*, *vt*, *vno*.

v, w *pour* g : *wuido*, *willelmus*, *varantizare*, *vasconia*.

y *p*r i : *ydolis*, *epyscopum*.

—

PAR ADDITION :

Auctum pr *actum*.
Carthis pr *cartis*.
Chalendas pr *calendas*.
Charissimi pr *carissimi*.
Dampnetur pr *damnetur*.
Dicxit pr *dixit*.
Ectiam pr *etiam*.
Euuangelium pr *euangelium*.
Nichil pr *nihil*.
Michi pr *mihi*.
Pechiam pr *peciam*.
Tracxi pr *traxi*.
Verumptamen pr *verumtamen*.

—

PAR RETRANCHEMENT :

Ali pr *alii*.
Deicere pr *dejicere*.
Domni pr *domini*.
Ebdomada pr *hebdomada*.
Emtio pr *emptio*.
Fibla pr *fibula*.
Jusit pr *Jussit*.
Mi pr *mihi*.
Nepti pr *nepoti*.
Pulcris pr *pulchris*.

Scisma pour *schisma*.
Ymnus pr *hymnus*.

—

PAR TRANSPOSITION :

Suscepta pr *suspecta*.
Quantuam pr *tanquam*.
Insula pr *inlusa*.
Leta pr *tela*.
Velis pr *levis*.
Esse pr *sese*, etc.

MOTS ÉCRITS LES UNS POUR LES AUTRES :

Extemplo pour *exemplo*.
Sic pr *si*.
Credidit pr *crediderit*.
Moneris pr *monueris*.
Audeant pr *gaudeant*.
Editiones pr *edictiones*.
Frustres pr *frustra es*.
Movere pr *moveri*, etc.

Quant à notre langue française qui pendant plusieurs siècles resta sans grammaire, les mots s'y rencontrent sous une si grande variété de formes dans leur orthographe, qu'un volume entier suffirait à peine pour expliquer toutes les vicissitudes de chacun de ces mots : nous nous bornerons donc à quelques remarques indispensables sur la manière d'orthographier des anciens écrivains.

Formée en partie du latin, notre vieille langue se régla souvent sur lui pour la composition orthographique des mots qui en dérivaient. Ainsi, avec de légères modifications on écrivait *advocat* venant d'*advocatus*, *dicte* de *dicta*, *escriptes* de *scriptos*, *subjecte* de *subjecta*, *soubz* de *sub*, *faicte* de *facta*, *doibt* de *debet*, *doulce* de *dulcis*, etc., etc.

D'autres mots étaient écrits, moins selon leur analogie étymologique, que selon leur prononciation, modifiée par les différents idiomes, dialectes et jargons du pays où se parle la langue.

Tels sont *chinq* pr *cinq*, *che* pr *ce*, *veci* pr *voici*, *sexante* pr *soixante*, *ren* pr *rien*, *quemencher* pr *commencer*, *mobles* pr *meubles*, *neuches* pr *noces*, *escange* pr *échange*, *men, ten, sen,* p^r^ *mon, ton, son, mains* p^r^ *moins, lor* p^r^ *leur, religious,* p^r^ *religieux, souffisant* p^r^ *suffisant, sourent* p^r^ *surent, diex,* p^r^ *Dieu, quer* p^r^ *car, seignor* p^r^ *seigneur, se* p^r^ *si, ne* p^r^ *ni,* etc., etc.

En l'absence d'accents, les mots se surchargent de certaines lettres que nous avons supprimées aujourd'hui.

En voici quelques-uns où le redoublement d'une même lettre tenait lieu de l'accent circonflexe, *aage* p^r^ *âge, empeechement, meemement* ou *meesmement, aame, seel, aalix,* etc.; mais le plus généralement l'*s* s'employait de préférence pour marquer l'accent circonflexe et même l'accent aigu [1]; exemple : *mesme, pasture, coustume, fust, feste, forest, blasme, estre, disme, honneste, eslire, mespris, estant, mesnager, destruire,* etc., etc.

L'é fermé ne portant pas d'accent, on ne peut le distinguer que par le sens qu'exige la phrase.

On écrivait sans accent aigu, *condamne* p^r^ *condamné, concede* p^r^ *concedé, donne* p^r^ *donné, prepare* p^r^ *préparé, edifie* p^r^ *édifié, cite* p^r^ *cité, ferme* p^r^ *fermé.*

Les caractères prosodiques de simple prononciation, tels que l'apostrophe, la cédille, le tiret et la diérèse, n'étaient pas plus que les autres accents en usage avant le XVIe siècle.

On écrivait donc, sans apostrophe, *mame, seglise, sespouse, mamie* [2], pour *m'ame s'église, s'espouse, m'amie, dire* p^r^ *d'ire, lune* p^r^ *l'une, quay* p^r^ *qu'ay, sen* p^r^ *s'en, lon* p^r^ *l'on, len, ten, men* p^r^ *l'en, t'en, m'en,* etc., etc.;

1 Elle se plaçait immédiatement après la voyelle où l'accent se fait sentir.

2 Avant le XVe, parce qu'ensuite on remplaça cette manière de parler par *mon âme, son église,* etc.

Quelquefois les Écrivains ne faisaient pas de retranchement de la voyelle.

Exemple : *je le ay* p^r *je l'ai, je te expose* p^r *je t'expose*, etc.

Sans tiret : *diroi ie, est ce, sont ils, disoit il, dist il.*

Unissant les mots que nous divisons : *tressaincte, tresbon, treshault, trèsbon.*

Sans cédille : *commenca* [1], *deca, scavoir, facon, pieca, decu*, etc.

Sans diérèse ou tréma : *aigue, cigue, ambigue.*

Examinons maintenant quelles lettres s'employaient ou s'omettaient fréquemment dans les mots, et que par la suite nous avons changées, ajoutées ou retranchées.

D. *Vindrent, tindrent, advindrent, void, prindrent*, p^r *vinrent, tinrent*, etc., etc.

C. *Dict, faict, picque, appoinctement, auctorité, publicque, conduicte, edict*, etc., etc.

E. *Il veist, il feist, il preist, il meist, il deist, il peust*, p^r *il vit, il fit, il put*, etc., etc.

G. *Loing, témoings, soing, ung, besoing, pugnis, preignent*, etc., etc. p^r *loin, tesmoins*, etc., etc.

I. *Imaige, couraige, bourgoigne, montaigne, besoigne, compaigne, passaige, langaige, oultraige, mangié, sachiez, menaciez, iugié, chief*, etc., etc. p^r *image, courage*, etc.

J. *Jugé, iniustice, enioindre, iusques, serient, iardin, iadis*, etc., etc. p^r *jugé, injustice*, etc., etc.

L. *Oultre, faulte, ceulx, haulte, eulx, veult, beaulx, aulcune, vauldroit, aultruy, maulvais, vieulx, herault*, etc., etc. p^r *outre, faute*, etc., etc.

[1] Quelques écrivains ajoutaient la lettre *e* pour adoucir le *c*. Exemple : *commencea, decca.*

O. *Estoient, auoit, disoit, croyoit, viuoit, taxoit, souloit, appartenoit, prétendoient*, etc., etc.

S. *avon, feson, dison, appelon, prenon*, etc., etc. p^r *avons, fesons*, etc., etc.

T. *Il souffri, il menti, il fi, il deffendi, entendi, consenti*, etc., etc. p^r *il souffrit, il mentit*, etc., etc.

T. *Grant, entent, froit, prétent, prent, vieillart, attent*, etc., etc. p^r *grand, entend*, etc., etc.

U. *Summe, pronuncé, volunté, numbre, presumption, umbre*, etc., etc. p^r *somme, prononcé*, etc., etc.

U. *Inuentaire, uérité, auons, feurier, deuant, peuuent, enuie*, etc., etc. p^r *inventaire, vérité*, etc., etc.

V. *Vne, vsaige, vnis, vtile, ovltre, pevt, vsurper*, etc., etc. p^r *une, usage*, etc., etc.

Y. *Moy, toy, soy, roy, luy, loy, boys, autruy, vray, quoy, fuyr, ny, guyde, amytié, aussy, ayde*, etc, etc. p^r *moi, toi, soi*, etc., etc.

Z. *Quilz, fruictz, dictz, loyz, acheptez, telz, touz, filz, estez, noz, escriptz, coustz, lesditz, mentionnez*, etc. p^r *qu'ils, fruits*, etc., etc.

La diphtongue *ai* était souvent représentée par *e*.

Exemple : *francese, mes, fontene, james, reson, mauves, contrere, parfet, fortrere, lesse*, etc., etc. p^r *français, mais*, etc., etc.

Les anciens écrivains ne connaissaient pas l'usage de notre *t* euphonique, ils écrivaient *dira on* p^r *dira-t-on, fera elle* p^r *fera-t-elle, amena il* p^r *amena-t-il;* il leur arrivait de se servir quelquefois de la lettre *l* par euphonie, avec la particule *on*.

Exemple : *cuide lon, peut lon, voit lon, croira lon*, p^r *cuide-t-on, peut-on, voit-on, croira-t-on;*

Ils mettaient aussi le pluriel pour le singulier.

Exemple : *vnes lettres* p[r] *une lettre*, *uns autres* p[r] *un autre*, etc., etc.

Ils supprimaient par fois la préposition *de*.

Exemple : *la maison Dieu*, *le jardin Jehan*, *la mère Dieu*, *le fils Pierre Gaultier* p[r] *la maison de Dieu*, *le jardin de Jehan*, etc., etc.

La préposition *du* ou *de* se remplaçait encore par l'article *le*.

Exemple : *la cause le Roy* p[r] *la cause du Roy*, etc., etc.

Indépendamment de ces remarques, qui sont loin d'être complètes, il ne sera pas inutile de lire souvent nos vieux auteurs français, pour se faire autant au style qu'à l'orthographe qui caractérisent les époques où ils ont écrit.

DEUXIÈME PARTIE.

DES DIFFÉRENTS MODES D'ABRÉVIATION, USITÉS PAR LES SCRIBES ET LES COPISTES DU MOYEN AGE.

Combien d'erreurs n'a pas produites la témérité des copistes anciens et modernes lorsqu'ils ont voulu rendre des abréviations qu'ils n'entendaient pas !

Nouv. diplôm. des BB.

Les diplomatistes bénédictins, ont dit, en parlant des notes de Tiron :

« Il n'est pas surprenant qu'on ait fait si peu de progrès dans la connaissance de cette ancienne tachygraphie. Dans la science des notes tironniennes comme dans toutes les autres, il n'est pas possible de réussir, si l'on ne découvre une bonne méthode pour les expliquer par principes. Il faut savoir d'abord, quelle est la nature des signes constitutifs de ces notes, ensuite les distinguer les uns des autres, les décomposer et les anatomiser. La ferme persuasion où l'on a été jusqu'à présent, que la plupart ne sont pas des lettres, mais des signes purement arbitraires, au moins dans leur première institution, a été cause que l'on s'est contenté de rechercher leur signification dans quelques anciens manuscrits, où elles sont rendues en latin, et d'en composer des listes alphabétiques, sans expliquer ni pourquoi, ni comment, telles et telles figures ont la valeur des lettres qu'elles expriment et des mots qu'on leur fait signifier.»

Ce qu'on vient de lire sur les notes de Tiron, ne peut-il pas s'appliquer aux abréviations des chartes et des manuscrits, qu'on a toujours regardées comme arbitraires, et dont on n'a jamais débrouillé les règles qui servent à leur construction ? C'est ce que nous allons essayer de faire dans cette deuxième partie.

Pour rendre le travail de la transcription moins pénible et plus expéditif, surtout dans un temps où la plume seule suppléait au défaut d'imprimerie, les scribes et les copistes du moyen âge ont fait usage de différents modes d'abréger l'écriture, savoir :

1° Par sigles; 2° par contraction; 3° par suspension; 4° par signes abréviatifs; 5° par petites lettres supérieures; 6° et par lettres abréviatives.

C'est de ces divers modes abréviateurs, employés simultanément et diversement combinés entre eux, que sont résultées ces nombreuses abréviations, aux formes si variées, si capricieuses, qui fourmillent dans les écritures du XIe au XVe siècle inclusivement.

Se livrer au déchiffrement, sans être initié au mécanisme de chaque genre d'abréviation et aux diverses règles qui concourent à leur construction, comme à leur explication, c'est vouloir plutôt diviner les mots que de les lire avec certitude.

Il convient donc, après les notions préliminaires de Paléographie qu'on aura acquises dans la première partie de cette méthode, d'étudier chacun des modes d'abréger que nous allons expliquer pour avoir la clef de toutes espèces d'abréviations.

I.

ABRÉVIATIONS PAR SIGLES.

Les sigles, dans la rigueur du mot et selon la plus commune étymologie (*singulæ litteræ*), sont des lettres uniques, isolées, dont l'emploi est de représenter en abrégé les mots dont elles sont les initiales [1].

Ainsi une abréviation par sigle est un mot figuré par sa seule initiale.

Exemple : *S.* p^r *salutem, signum, sigillum; O.* p^r *obitus; C.* p^r *capitulum, contra; F.* p^r *Francorum, Feliciter,* etc.

Les abréviateurs se servaient d'un sigle pour désigner :

1° Un nom, un prénom, comme *H.* p^r *Henricus, Hugo; W.* p^r *Willelmus, Wido; A.* p^r *Ambrosius, Augustus, Amalricus; I.* p^r *Johannes, Jacobus; G.* p^r *Galterus, Gaufridus, Gislebertus; O.* p^r *Osbernus, Odo, Otho; R.* p^r *Radulfus, Ricardus, Robertus, Rogerius,* etc.; *U.* p^r *Unfridus; Y.* p^r *Yvo,* etc., etc.

[1] Dans les inscriptions, on distingue deux sortes de sigles, les simples et les composés, lesquels se subdivisent en plusieurs espèces. Ces distinctions sont inutiles pour nous; car, hors les sigles simples, nous ne voyons plus dans les autres genres d'abréviations que des mots plus ou moins tronqués, qui s'expliquent ordinairement soit par les signes, soit par les petites lettres supérieures, soit par les lettres abréviatives qui les accompagnent.

2° Un titre, une qualification, comme *C.* p^r *Comes; R.* p^r *Rex; D.* p^r *Dux, Deus, Dominicus; E.* p^r *Episcopus; P.* p^r *Pater; F.* p^r *Frater, Filius; M.* p^r *Mater; B.* p^r *Beatus; S.* p^r *Sanctus; R.* p^r *Reverendus; V.* p^r *Venerabilis, Venerandus*, etc., etc;

3° Enfin tout mot d'un usage fréquent, ainsi que plusieurs particules.

Exemple : *i* p^r *id est, s* p^r *scilicet, d* p^r *de, c* p^r *cum, p* p^r *per, pro, par, pre* ou *præ, q* p^r *qui, quæ*, etc., etc.

Pour exprimer cette dernière sorte de mots, le sigle se montre rarement sans être accompagné d'un signe ou d'une petite lettre abréviative qui sert à l'expliquer.

Plusieurs sigles de suite annoncent assez ordinairement des formules, des invocations, des expressions consacrées, etc., telles sont celles que nous avons recueillies :

A. D. M. *Anno Domini Millesimo.*
A. M. *Ave Maria.*
B. M. *Beata Maria, Mater.*
B. P. *Beatus Paulus, Petrus.*
D. G. *Dei Gratia.*
D. N. *Dux Normanniæ.*
I. B. *Iohannes Baptista.*
I. C. ou I. X. *Iesus Christus.*
I. C. *Iuris consultus.*
I. D. N. *In Dei Nomine.*
R. F. *Rex Francorum.*
S. B. *Sanctus Benedictus.*
S. G. *Sanctus Gregorius.*
S. D. *Salutem Dicit.*
S. M. *Sancta Maria, Mater.*
S. M. E. *Sancta Mater Ecclesia.*
S. R. E. *Sancta Romana Ecclesia.*
S. V. *Sanctitas Vestra.*

Il est une autre sorte de sigle qui se rencontre plus dans les manuscrits que dans les chartes. Ce sont des initiales doubles, qu'on appelle sigles répétés. Leur emploi est de faire connaître que les mots ainsi abrégés sont au pluriel. En voici quelques exemples :

ANN. *Annos.*	CC. *Carissimi, Clarissimi, Capituli.*
BB. *Beati, Benedicti.*	NN. *Nostri.*
DD. *Domini.*	NNR. *Nostrorum.*
DNN. *Domini.*	NOBB. *Nobiles.*
FF. *Fratres.*	OO. *Omnes.*
KK. *Karissimi.*	PP. *Patres, Papæ.*
LL. *Libri.*	SS. *Sancti.*
MM. *Magistri, martyres, ministri.*	TT. *Tituli.*

Cependant, comme il y a plusieurs exceptions à cette règle, on évitera de confondre les abréviations précédentes avec celles qui suivent :

AA. *Anima.*	OO. *Omnino.*
CC. *Circùm. ducenti.*	PP. *Papa, perpetuo.*
DD. *David.*	RR. *Rex et Regina.*
EE. *Esse.*	SS. *Subscripsi.*
FF. *Pandectæ.*	TT. *Testamentum, titulus.*
GG. *Gregorius.*	TTM. *Testamentum.*
M.M. *Monumentum, matrimonium.*	XX. *Vigenti.*

Si les abréviations par sigles causent de grandes difficultés dans la lecture des inscriptions romaines qui en sont remplies, il n'en est pas tout à fait de même à l'égard des chartes et des manuscrits où les scribes et les copistes employaient les sigles concurremment avec des signes et des petites lettres supérieures pour en faciliter l'interprétation, comme on le verra plus loin.

II.

ABRÉVIATIONS PAR CONTRACTION.

Tous les mots dont on a retranché quelques lettres médiales, en réservant la première et la dernière lettre, forment des abréviations par contraction, parce que dans ce mode d'abréger, les mots semblent resserrés, contractés entre l'initiale et la finale.

Exemple : *Flo* p^r *falso*, *apli* p^r *apostoli*, *scis* p^r *sanctis*, *magro* p^r *magistro*, *orones* p^r *orationes*, etc., etc.

Dans cette sorte d'abréviations on a conservé presque toujours une ou deux lettres médiales caractéristiques du mot qui servent à le faire reconnaître. Par cette raison, on ne peut confondre *flo* (*falso*) avec *fco* (*facto*); *lcis* (*lectis*) avec *lris* (*litteris*); *caplo* (*capitulo*) avec *caplló* (*capellano*), etc., etc.

Il y a aussi de ces abréviations qui n'ont seulement que l'initiale et la finale.

Exemple : *ms* p^r *minus*, *hc pour hoc*, *tn* p^r *tamen*, *os* p^r *omnes*, *na* p^r *natura*, *dr* p^r *dicitur*, *qd* p^r *quod*, *apd* p^r *apud*, *mo* p^r *modo*, *nr* p^r *noster*, *nc* p^r *nunc*, *lt* p^r *licet*, *sb* p^r *sub*, *em* p^r *enim*, *mo* p^r *meo*, *om* p^r *omnium*, *st* p^r *sunt*, *tc* p^r *tunc*, etc., etc. Les mots d'une ou de deux syllabes offrent plus spécialement des contractions de ce genre.

On trouve encore des mots qui ne sont contractés que dans la dernière ou les deux dernières syllabes.

Exemple : *Superst* p^r *supersunt*, *inst* p^r *insunt*, *fuert* p^r *fuerunt*, *dixert* p^r *dixerunt*, *alr* p^r *aliter*, *pluralr* p^r *pluraliter*, *interdm* p^r *interdum*, *actm* p^r *actum*, etc., etc.

Suivant les accidents qui résultent de la déclinabilité ou de la conjugabilité des mots, la variation des terminaisons se fait sentir immédiatement après la lettre caractéristique, et, à leur défaut, après l'initiale, ce qui permet de reconnaître le même mot abrégé malgré la différence de sa terminaison.

Exemples de déclinaison et de conjugaison :

SUBSTANTIF

SINGULIER.	PLURIEL.
N. fr, *frater.*	fr-es, *fratres.*
G. fr-is, *fratris.*	fr-um, *fratrum.*
D. fr-i, *fratri.*	fr-ibus, *fratribus.*
A. fr-em, *fratrem.*	fr-es, *fratres.*
V. fr, *frater.*	fr-es, *fratres.*
Ab. fr-e, *fratre.*	fr-ibus, *fratribus.*

Verbe HABERE.

heo, *habeo.*	heam, *habeam.*
hebam, *habebam.*	herem, *haberem.*
hui, *habui.*	huerim, *habuerim.*
hueram, *habueram.*	huissem, *habuissem.*
hebo, *habebo.*	hitum, *habitum.*
huero, *habuero.*	hiturus, *habiturus*, etc.

Il en est de même pour tous les substantifs, adjectifs et verbes contractés, dont toutes les désinences ont été observées avec beaucoup de régularité. Cela n'empêche pas cependant ces abréviations d'offrir quelques obstacles. Le tableau suivant présentera leurs formes les plus communes et aidera à interpréter les autres par approximation.

Abbis, *abbatis*, abbem, abbe, abbibus.
Apls, *apostolus*, apli, aplos, aplis.
Aplica, *apostolica*, aplice, aplicis.
Bs, *Beatus*, be, borum, bos, bis.
Cancs ou cancus, *canonicus*, cancos.
Caplm, *capitulum*, capli, caplo.
Caplls, *capellanus*, capllo, capllis.
Chlr ou chr, *chevalier*, chrs.
Cla, *clausula*, clam, clas, clis.
Clicus, *clericus*, clici, clicos, clicis.
Cois, *communis*, coem, coe, coes.
Dcs, *dictus*, dce, dco, dcos, dcis.
Dio, *divisio*, diois, dioem, dioe, dioes.
Dns, *dominus*, dni, dnm, dno, dnis.
Dnicus, *dominicus*, dnica, dnice.
Ds, *deus*, di, dm, do.
Ee, *esse*, ert, *erunt*, eemus, *essemus*.
Ecclia, *ecclesia*, eccliam, eccliis.
Elta, *elementa*, eltos, eltis.
Epla, *epistola*, eplam, eplas, eplis.
Epe ou eps, *episcopus*, epi, epo, epis.
Exco, *excomunicatio*, excois, excoem.
Fcs, *factus*, fca, fco, fci, fcos, fcis.
Fls, *falsus*, flm, flo, flis, fla.
Fr, *frater*, fris, frem, fre, fribus.
Frna, *fraterna*, frno, frnis.
Gla ou glia, *gloria*, gle, gliam.
Glosa, *gloriosa*, glose, glosi, glosos.
Gra, *gratia*, gre, gram, gras, grarum.
Heat ou hat, *habeat*, hebant, hendm.
Hita, *habita*, hitum, hituri.
Ho, *homo*, hois, hoem, hoes, hoibus.
Ihs, *Jeshus*, Ihm, Ihu.
Ihem ou Ihlm, *Iherusalem*.
Impr, *imperator*, impris, impre.
Instrm, *instrumentum*, instro, instris.
Instio, *institutio*, instionis ou instinis.

Arbr, *abiter*, arbri, arbro, arbris.
Arepc, areps ou arepus, *archiepiscopus*.
Assilatur, *assimilatur*, assilant.
Iohs ou Iohes, *Iohannes*, Iohis, Iohe.
Ipe, *ipse*, ipa, ipum, ipius, ipos.
Kls ou klas, *kalendas*, klarum.
Kms, *karissimus*, kmi, kmo, kmis.
Lca, *lecta*, lco, lcos, lcis.
Lra, *littera*, lre, lras, lris.
Ltima, *legitima*, letime, ltimis.
Ma, *mea*, mi, mei, mis, *meis*.
Mo, *modo*, *meo*.
Mm, *matrimonium meum*.
Mia, *misericordia*, mie, miam.
Mr, mater, mris, mre, mres.
Mr, *martyr*, *magister*.
Mrm, *monstrum*, mra, mris.
Mro, *monstro*, mravit, mrare, mrari.
Na, *natura*, ne, nam.
Neglia, *negligentia*, neglie, negliam.
Negm, *negotium*, nego, nega.
Nr, *noster*, nri, nro, nra, nris.
Offm, *officium*, offi, offa, offis.
Ois, *omnis*, oem, oi, os *ou* oes, oia, oibus.
Oro, *oratio*, oroem, oroe, oroes.
Pbr, *presbyter*, pbro, pbri, pbros, pbris.
Pns, *præsens*, pnti, pntes, pntibus.
Posso, *possessio*, possois, possoes.
Pr, *pater*, pris, prem, pre, pres.
Probo, *probatio*, proboem, proboes.
Rois, *rationis*, roe, roem, roes.
Scia, *scientia*, scie, sciam, scias.
Scs, *sanctus*, sci, sca, sco, scis.
Spes, *species*, spei, spem, spebus.
Spc, sps ou spus, *spiritus*, spm, spu.
Testium, *testimonium*, testio.
Xpc [1] ou xps, *christus*, xpi, xpm, xpo.

La plupart de ces contractions se retrouvent dans les mots composés et dérivés.

[1] Cette manière d'abréger le mot *christus* vient de ce que les copistes ont reproduit l'abréviation grecque du mot ΧΡΙΣΤΟΣ ou ΧΡΙΣΤΟC.

Exemple : *dr* (*dicitur*) se remarquera dans *contradr* (*contradicitur*); *epi* (*episcopi*) dans *epatus* (*episcopatus*) en retranchant *i* et ajoutant *atus; dcos* (*dictos*) dans *supradcos* (*supradictos*); *fcis* (*factis*) dans *confcis* (*confectis*), *a* se changeant dans les composés; *pri* (*patri*) dans *pria*, *priarcha* (*patria*, *patriarcha*); *sci* (*sancti*) dans *scionem* (*sanctionem*), et une foule d'autres semblables.

Toutes ces abréviations par contraction sont ordinairement tranchées ou surmontées d'un trait horizontal, comme nous en donnons quelques exemples en traitant des signes abréviatifs.

III.

ABRÉVIATIONS PAR SUSPENSION.

Les scribes et les copistes ont encore abrégé beaucoup de mots en les laissant inachevés; tels sont les suivants : *Rothom'* p^r *Rothomagensis; testim'* p^r *testimonium; den'* p^r *denarios; offic'* p^r *officialis; aut'* p^r *autem; ben'* p^r *benedictum, benedictionem; sol'* p^r *solidos; Ebroic'* p^r *Ebroicensis; Oct'* p^r *Octobris; dioc'* p^r *diocesis; Henr'* p^r *Henricus; inc' incipit; Archid'* p^r *Archidiaconus; test'* p^r *testibus; ven'* p^r *venerabilis; dil'* p^r *dilectis; Cur'* p^r *Curiæ; sexag'* p^r *sexaginta; tur'* p^r *turonenses; and'* p^r *andegavenses; canon'* p^r *canonicos; relig'* p^r *religiosis; sciat'* p^r *sciatis; libr'* p^r *libras; cont'* p^r *contestata; dat'* p^r *datum*, et mille autres de cette nature.

Ces abréviations, quelque plus ou moins resserrées qu'elles soient, offrent en général moins de difficultés que celles par contraction. Leur terminaison se fait toujours connaître par l'accord logique et grammatical, et quelquefois même par un signe abréviatif, ou par une petite lettre supérieure représentant la syllabe finale, ainsi que nous l'expliquerons en parlant de ces deux modes d'abréviations.

Les mots simplement abrégés par suspension [1], sont ordinairement accompagnés d'un signe, tantôt c'est une barre horizontale qui tranche les hastes supérieures des lettres, ou qui surmonte celles-ci à défaut de hastes, avec un point au pied de la dernière lettre, tantôt c'est un petit trait approchant plus ou moins du 7 placé au-dessus de la dernière lettre.

IV.

ABRÉVIATIONS PAR SIGNES ABRÉVIATIFS.

Le mode d'abréger le plus généralement suivi dans les écritures du XIe au XVe siècle inclusivement, fut de supprimer, dans les mots, des syllabes ou des lettres, et de les remplacer par des signes abréviatifs de convention.

La connaissance de ces signes, des formes diverses qu'ils affectent, des différentes fonctions qu'ils remplissent, est indispensable pour expliquer le grand nombre d'abréviations qu'ils constituent, puisqu'ils en donnent ordinairement la clef.

Les scribes et les copistes employaient communément huit sortes de signes abréviatifs, qu'il faut, pour plus de clarté, distinguer par le son des syllabes ou des lettres dont ils tiennent lieu, et par leur fonction la plus usitée, sans

1 C'est-à-dire qui ne sont pas soumis à l'action de plusieurs modes abréviateurs à la fois.

avoir égard aux diverses formes de chacun de ces signes; lesquelles formes ne sont que des modifications que la suite des temps et la différence des mains leur ont fait subir.

Ainsi les différentes figures [1] du signe

N° 1 représentent. . . . . . M ou N.
N° 2. . . . . ER, RE, IR.
N° 3. . . . . US, OS.
N° 4. . . . . UR, TUR.
N° 5. . . . . S.
N° 6. . . . . CUM, COM, CUN, CON.
N° 7. . . . . QUE, ET, US, M.
N° 8. . . . . RUM.

Ces signes sont indépendants des mots, c'est-à-dire qu'ils se placent indifféremment sur tous ceux qui contiennent des lettres ou des syllabes qu'ils peuvent remplacer, c'est d'autant plus à remarquer, qu'il y a certains mots, certaines lettres qui retiennent constamment le signe que l'usage leur a assigné.

Parmi ces signes abréviatifs, les cinq premiers surmontent les mots; les trois autres se mettent au rang des lettres. Nous allons entrer dans quelques détails sur la forme, la valeur et l'emploi de chacun d'eux, ayant soin de faire remarquer les exceptions aux règles générales que nous aurons indiquées.

Le trait horizontal ou bouclé, est la forme la plus ordinaire qu'affecte le signe N° 1; placé au-dessus d'un mot, et plus particulièrement sur la lettre qui précède l'omission, il indique la suppression de M ou N. Voyez les abréviations

[1] Ne pas cesser d'avoir sous les yeux le tableau raisonné des signes abréviatifs (Pl. VIII), pendant le cours de leur explication.

de *meum*, *fidelium*, *communa*, *quem* * *continent*, *inter*, *contra*, *mense* *.

Il arrive souvent que ce signe remplit deux fonctions différentes dans le même mot. Voyez les abrév. de *annuatim*, *annum* *.

Il surmonte aussi les mots abrégés par contraction et ceux par suspension. Voyez les abrév. de *Dominica, sancta, Domino, Episcopi, Apostolice* * *actum, datum, testimonium, Rothomagensis*, *officialis*, *solidos* *.

Le signe N° 2, dont la forme est habituellement celle d'un 7 ou petit crochet, se met, comme le précédent, au-dessus de la lettre qui précède l'omission. Dans les écritures cursives, s'il est employé à la fin d'une abréviation, il se lie à la dernière lettre sur laquelle il se rabat par un trait demi-circulaire. Il tient lieu fréquemment de la syllabe ER. Voyez les abrév. de *poterant*, *libere*, *noluerit*, *inter* *.

Quelques écrivains, au lieu d'employer ce signe avec certaines lettres à haste supérieure, préféraient trancher ces mêmes lettres par un trait horizontal pour exprimer également la syllabe ER. Voyez les abrév. de *heredes*, *implere* *.

Souvent on le trouve employé en sens inverse; c'est pour cette raison que, sans rien perdre de sa forme, il signifie RE ou RÉ, suivant le besoin du mot. Voy. les abrév. de *creata, mercatur, cantare*, *tres* *. Il peut représenter dans un même mot ER et RE. Voy. les abrév. de *preter, liberaret* *.

Quand le signe N° 2 est fixé à un *b* ou à une *l*, il désigne, dans certains cas, que ces lettres sont mises pour *ub*, *el*. Voy. les abrév. de *sub, multis, singulis, vel, libellis* *. Il sert aussi à marquer les abréviations par contraction et celles par suspension, quoique nous n'ayons pas donné d'exemple de ces dernières. Voy. pour les autres les abrév. de *apostoli*, *littera*, *factis*.

Les copistes ont encore fait usage de ce signe pour remplacer la syllabe IR. Voy. les abrév. de *Confirmo*, *virgo*, *virum*, *abire*, *virtus* *.

Le signe N° 3, assez semblable à un 9, employé pour la syllabe US, se repose, comme les précédents, au-dessus de l'omission, au milieu comme à la fin d'un mot. Voy. les abrév. de *minus*, *amicus*, *ejus*, *justum*, *volumus*, *augustus* *.

On trouve encore ce signe mis pour OS. Voy. les abrév. de *post*, *vos*, *possit*, *nostris* *.

Dans un même mot il représente à la fois US et OS. Voy. les abrév. de *posterius*, *possidemus* *.

Quelques copistes du XIVe et XVe siècles ont abaissé ce signe au rang des lettres, contre l'usage général. Voy. les abrév. de *dedimus*, *custodit*, *intus*, *quibus*, *fuerimus*, *decanatus* *.

Les impressions gothiques nous le montrent sous la forme d'un C retourné, également rangé avec les lettres, et presque toujours à la suite d'un *b*. Voy. les abrév. de *pluribus*, *omnibus* *.

Le signe N° 4 a subi beaucoup de modifications dans ses formes. Il prend tantôt la figure d'un 2, tantôt d'un 3 tracé vivement, tantôt d'un 8 ou plutôt d'un petit *s* renversé et couché horizontalement; son emploi est d'être substitué à la syllabe UR, soit au milieu, soit à la fin des mots. Voy. les abrév. de *cur*, *igitur*, *jure*, *plurima*, *dicitur*, *visuris*, *futuri*, *exhortamur*, *sumitur*, *scripturum*, *fertur* * *comburitur*, *curabatur*, *purificatur* *.

On le trouve quelquefois employé pour TUR. Voy. les abrév. de *interpretatur*, *scribitur*, *accusatur*.

Le signe N° 5, n'est absolument qu'un petit *s* supérieur, dont la fonction est d'indiquer l'omission de la seule lettre qu'il représente. Il se met au-dessus de l'espace que l'*s* devrait occuper. Voy. les abrév. de *Plures*, *fideles*, *deposcit*, *vis*, *pisce*, *nos*, *pascha* *

Son emploi est aussi d'indiquer la désinence dans les abréviations par contraction ou par suspension. Voy. les abrév. de *omnipotens*, *omnes*, *beatus*, *alias*, *abbas* *.

Le signe N° 6, dont la forme la plus habituelle est celle d'un *c* retourné ou d'un 9, se met au rang des lettres; sa place, suivant l'occasion, est autant au milieu qu'au commencement ou à la fin d'un mot. Il tient lieu des syllabes CUM, COM, CUN, CON. Voy. les abrév. de *Quibuscum*, *quocumque*, *locum*, *circumscripti**, *commune*, *incommodum*, *comprehendit* *, *cunctis*, *noscuntur*, *dicuntur* * *contra*, *concessit*, *inconcussa*, *continet*, *incontinenter* *.

Quoique la forme de ce signe approche de celle du N° 3, on ne les confondra jamais ensemble si on remarque bien que l'un s'emploie au-dessus des mots, et que l'autre se met régulièrement au rang des lettres.

Le signe N° 7, sa première figure fut celle d'un point; la deuxième de deux points; la troisième enfin d'un point et virgule, qui, se joignant dans la suite, formèrent une sorte de 3. Telles sont les formes sous lesquelles on peut le rencontrer, suivant les siècles ou chacune d'elles a été employée.

Il est souvent joint à la lettre *q* avec laquelle il représente QUE. Voy. les abrév. de *que*, *atque*, *usque* *. Il s'emploie aussi seul pour signifier le mot QUE. Voy. les abrév. de *atque*, *neque*, *quoque* *.

Comme le QUE des latins équivaut à ET, les scribes n'ont pas négligé de se servir du même signe dans la terminaison des mots en *et*. Voy. les abrév. de *habet*, *placet*, *set* p[r] *sed*, *præbet* *.

Attaché à un *b*, il remplace la terminaison *us* de beaucoup de mots latins. Voy. les abrév. de *quibus*, *quibusdam*, *omnibus*, *precibus*.

Au XVe et XVIe siècle il se montre usité pour *m*. Dans ce cas, il est toujours à la fin de ces mots. Voy. les abrév. de *redditum*, *tam*, *bonum*, *item*, *eadem* *. Il a été aussi employé par quelques copistes pour EST. Voy. les abrév. de *prodest*, *preest*, *interest* *.

Il est un petit signe que, par ressemblance, il ne faut pas confondre avec celui qui tient lieu de la finale *et;* il sert à marquer la terminaison *is* et se lie à plusieurs lettres, et notamment au *c*, *g*, *r*, *t*, avec lesquels il produit les désinences *cis*, *gis*, *ris*, *tis* *.

Le signe N° 8 n'est au fond qu'un R, quelquefois capital, quelquefois minuscule romain, et plus souvent un r gothique en forme de 2 tranché ordinairement par une sorte de 7. Il s'emploie aussi bien dans l'intérieur qu'à la fin des mots, dont il représente la syllabe RUM. Voy. les abrév. de *filiorum*, *seruorum*, *suorum*, *animarum*, *bonorum*, *eorumdem*, *corrumpitur* *.

Outre cette explication des signes abréviatifs, nous ferons observer,

1° Que deux de ces signes peuvent s'employer isolément : le signe 6, pour figurer l'adverbe et la préposition *cum*, et le signe 7, sous la forme d'un petit crochet pour la conjonction *et;*

2° Que plusieurs signes abréviatifs, quels qu'ils soient, peuvent à la fois entrer dans la construction d'une abréviation;

3° Qu'ils sont tous susceptibles d'être usités, avec une initiale, ou à la fin d'une abréviation par suspension pour marquer la terminaison;

4° Enfin, que quelques-uns de ces signes ont été détournés quelquefois de leur application ordinaire pour être employés, avec d'autres signes particuliers, à donner à certaines lettres une signification spéciale. (Voy. les lett. abrév., paragr. VI.)

On trouvera, dans les planches d'écritures de chaque siècle, la signification de quelques autres signes abréviatifs qui s'emploient ordinairement seuls, et que nous n'avons pas cru devoir comprendre dans ce paragraphe.

V.

ABRÉVIATIONS PAR LETTRES SUPÉRIEURES.

Indépendamment des signes abréviatifs, les copistes ont employé des petites lettres supérieures dans les abréviations pour marquer l'absence de telle ou telle syllabe, comme aussi pour indiquer la terminaison. Nous allons faire connaître les règles ordinairement suivies dans ce mode d'abréger.

Les voyelles *a*, *e*, *i*, *o*, *u*, employées comme petites supérieures, se traduisent par *ra*, *re*, *ri*, *ro*, *ru*; elles accompagnent spécialement les consonnes *b*, *c*, *d*, *f*, *g*, *h*, *p*, *t*, *v*, et rarement les voyelles. Voy. les abrév. de *acras*, *gravem*, *infra*, *tradidit*, *pratis*, où *a* qui les surmonte équivaut à *ra*;

Tres, *creavit*, *integrè*, *impressione*, où *e* supérieur équivaut à *re ;*

Sacrista, *priore*, *trigenta*, *febris*, *tria*, où *i supérieur* équivaut à *ri;*

Sacro, *introducti*, *libro*, *petro*, *agros*, où *o* supérieur équivaut à *ro ;*

Crucis, *congrua*, *brutis*, *prudentes*, *crux*, où *u* supérieur équivaut à *ru*.

Ces mêmes voyelles ont été usitées en sens inverse, c'est-à-dire p[r] *ar*, *er*, *ir*, *or*, *ur;* elles se placent indifféremment sur toute consonne. Voy. les abrév. de *carnifice*, *incarnati*, *martio*, *carta*, ou *a* supérieur est mis pour *ar*, ainsi des autres.

On trouvera des abréviations où la même voyelle remplit deux fonctions différentes, comme dans *ccumscpti*, *circumscripti*, etc.

Les copistes se servaient aussi de petites consonnes supérieures : ils mettaient,

1° *c* p[r] *ec*, accompagnant toute consonne, comme dans les abrév. de *donec*, *peccare*, *hec*, *rectoris*, *adjecta;*

2° *m* p[r] *um* à la fin des mots, comme dans les abrév. de *interdum*, *monumentum*, *nostrum;*

3° *r* p[r] *er* et p[r] *ur* à la fin des mots. Voy. les abrév. de *mater*, *feliciter*, *frater*, *super*. — *Dicitur*, *creatur*, *refertur*, *traditur ;*

4° *t* p[r] *it*, accompagnant toute consonne[1]. Voy. les abrév. de *procedit*, *intromittit*, *fuit*, *fecit*.

Il est encore des petites lettres supérieures, terminatives,

[1] On trouve le signe abréviatif N° 6 combiné avec les petites supérieures terminatives. Exemple : 9[i] p[r] *communi*, 9[a] p[r] *contra*.

c'est-à-dire dont la fonction est de faire connaître la terminaison. Elles accompagnent les abréviations par suspension et les lettres isolées ou sigles. C'est pour faciliter l'intelligence de ces derniers surtout, que nous avons donné un tableau des sigles [1] accompagnés d'une petite supérieure terminative, avec leur signification; on remarquera que la plupart de ces abréviations se retrouvent dans d'autres abréviations de mots composés, comme l'abréviation de *contra* dans le mot composé de *contradicere*, *suprà* dans *supradictum*, etc.

On devra éviter, dans toute interprétation de petites lettres supérieures, de les confondre avec les lettres supérieures non abréviatives, qui sont plutôt des marques de corrections que des signes d'abréviations.

VI.

ABRÉVIATIONS PAR LETTRES ABRÉVIATIVES.

L'usage des lettres abréviatives dans les abréviations, est de remplacer certaines syllabes; elles sont alors accompagnées d'un signe qui les fait reconnaître. Bien souvent ce signe n'est lui-même qu'un de ceux que nous avons compris dans l'explication des *signes abréviatifs;* mais comme il arrive que les lettres qui en sont accompagnées ont parfois une signification toute autre que celle qu'on serait porté à leur appliquer d'après les règles ordinaires, nous avons donc pensé devoir faire figurer sur un tableau (Pl. VIII), indistinctement, toutes les lettres qu'on rencontre surmontées ou tranchées d'un signe quel qu'il soit; par ce

1 Voy. Pl. VIII.

moyen on saisira de suite les différentes attributions que les copistes ont donné à telle ou telle lettre. Par exemple, qu'on trouve un *a* surmonté d'un trait horizontal [1] dans les mots abrégés *mea*, *multa*, *atea*, *tatum*, etc., on lira facilement *meam*, *multum*, *antea*, *tantum*, quand on saura que l'*a* barré au-dessus, représente *am* ou *an*. Il faut faire attention que nous ne parlons ici que des lettres abréviatives dans les mots, et non employées isolément; car dans ce dernier cas *a*, ainsi que nous l'avons désigné, pourrait signifier un mot entier, comme *aut*, *autem*, *antè*, ou tout autre dont il serait le sigle ou lettre initiale.

On pourra donc faire, à l'égard des autres lettres rangées par ordre alphabétique, ce que nous venons d'indiquer pour la lettre *a*, et l'on comprendra toute l'utilité de ce tableau.

Tels sont, sinon les seuls, du moins les principaux modes d'abréger des anciens copistes, surtout comme on le remarquera du XIe au XVe siècle. On observera de plus, que beaucoup de mots se trouvent abrégés par plusieurs de ces modes à la fois : d'ailleurs l'usage aidera à comprendre les diverses combinaisons des modes abréviatifs entr'eux; et, si dans cette deuxième partie nous avons fait quelques omissions, les tables d'abréviations qui accompagnent les écritures de chaque siècle, non-seulement pourront y suppléer, mais encore elles serviront aux commençants jusqu'à ce qu'ils possèdent assez à fond les règles qui concourent à la construction de chaque espèce d'abréviations, pour pouvoir les expliquer sans le secours d'aucune table.

[1] Voy. Pl. VIII.

TROISIÈME PARTIE.

DE LA LECTURE ET DE LA TRANSCRIPTION DES ÉCRITURES REPRÉSENTÉES DANS LES PLANCHES.

Pour ceux qui ne s'adonnent que par goût à ce genre de travail (au déchiffrement), ils ne doivent pas se rebuter, s'ils ne lisent pas du premier abord les anciennes écritures.

Le Moine, *diplom. prat.*

Il faut que dans la copie même on retrouve ce vernis précieux de l'antiquité (l'ancienne orthographe).

Battheney, *l'Archiv. franç.*

I.

LECTURE.

Quoi de plus rebutant, au premier abord, que la lecture des écritures anciennes et surtout des écritures cursives des XVe, XVIe et XVIIe siècles ? Mais à peine a-t-on acquis quelques notions préliminaires, que l'on voit se dissiper peu à peu les obstacles qui, au seul aspect, avaient effrayé. Donc, si l'on a étudié avec soin les deux premières parties de cette méthode, nul doute que les *specimens* d'écriture de chaque siècle contenus dans les planches, ne soient maintenant d'un facile accès.

Reproduits d'après les originaux les mieux caractérisés, ces *specimens* offriront des exercices [1] de lecture et habitueront l'œil à analyser les différentes formes des éléments, leur construction, leur liaison ou conjonction dans la marche lente ou rapide de l'écriture, comme à saisir de suite le génie, la physionomie propre à l'écriture de chaque siècle.

Les modèles Nos 1, 2, 3... montrent les nuances que la différence des mains et des époques a données à l'écriture, tout en conservant au fond le caractère distinctif du siècle auquel elle appartient.

Si l'on paraît s'étonner de ce que nous faisons commencer par l'écriture du XVIIe siècle et finir au XIe, nous répondrons par ce qui a déjà été dit dans notre Essai sur la Paléographie française : « quoique d'un abord facile par sa conformité avec notre ronde, les formes que cette écriture a retenues, en grande partie, de celles qui l'ont précédées, obligent à commencer par elle, si l'on veut être amené sans brusquerie et graduellement à la lecture de l'écriture du XVIe siècle, et du XVIe au XVe, ainsi de suite jusqu'au XIe; cette marche rétrograde, qui pourra d'abord surprendre, est la plus rationnelle; elle fait passer du connu à l'inconnu. L'enchaînement qui existe dans les écritures de siècle à siècle, a cela d'avantageux, en ce que l'étude de l'un facilite l'accès de l'autre. Cela doit bien se concevoir; car, comme

[1] On trouvera dans les planches plus d'exercices sur l'écriture des chartes que sur celle des manuscrits, par la raison que la première apprenant à résoudre plus de difficultés, elle préparera plusque suffisamment à la lecture de la seconde.

dit dom de Vaines [1], les figures ou formes d'éléments n'ont pas fini tout à coup avec un siècle, elles se sont perdues insensiblement au commencement ou au milieu du siècle suivant; »

Et que, « si nous nous sommes arrêtés au XIe siècle, c'est d'abord qu'une fois arrivés là, on doit être d'une certaine force, dans la lecture, à pouvoir pénétrer plus avant, et qu'ensuite passé cette limite, les titres deviennent plus rares. »

On devra donc se mettre à la lecture des écritures de chaque siècle, sans intervertir l'ordre qui leur a été assigné dans les planches; car, nous le répétons, ce serait s'écarter de la marche méthodique et progressive d'où dépendent les succès de cette étude.

Quand on sera suffisamment familiarisé avec nos *specimens*, on pourra s'exercer sur les originaux eux-mêmes. C'est par eux qu'on achèvera de se perfectionner dans le déchiffrement.

Une fois arrivé à ce point, pour faciliter la lecture de ces originaux, après avoir déterminé à quel siècle ils appartiennent, soit par la date qui s'y trouve exprimée, soit par comparaison avec nos planches, on se mettra en regard du *specimen* qui correspond, pour le siècle, aux originaux à déchiffrer [2]. Survient-il dans la lecture une difficulté matérielle? aussitôt la planche en donne la solution. Est-ce une

1 Dict. de diplom., art. écrit.

2 S'il arrivait que l'écriture d'un titre fût totalement ou en partie effacée, on passerait sur les endroits faibles ou effacés un pinceau trempé dans une dissolution hydro-alcoolique de noix de galle, qu'on obtient en faisant macérer dans 4 onces d'esprit de vin, à 22 degrés, six noix-galles grossièrement pulvérisées, macérées pendant 3 à 4 jours.

difficulté de style, d'orthographe ou d'abréviation? recourez au texte, à l'aide de la table des matières, et vous saurez comment l'expliquer. Par ce moyen, il est peu de titres, quels qu'ils soient, q'on ne puisse déchiffrer.

II.

TRANSCRIPTION.

Dans la transcription des anciens titres, il faut bien se garder d'altérer en rien le style et l'orthographe qui les caractérisent. C'est un vernis d'antiquité qu'il faut d'autant plus respecter, qu'il exprime, en l'absence des originaux, l'époque à laquelle appartiennent ces titres, et par conséquent donne un caractère d'authenticité aux copies.

Lorsqu'il s'agit de rétablir dans son entier un mot abrégé, appartenant surtout à notre vieille langue, on doit l'orthographier conformément aux mêmes mots qui se trouvent exprimés en toutes lettres dans le titre; par exemple, je trouve *lad.*, *sach.*, *relig.*, *tesm.*, *tourn.*, etc., j'écrirai suivant les indications que me fourniront les mêmes mots entiers, ou, à leur défaut, l'orthographe du temps, *ladicte* ou *ladite*, *sachez* ou *sachies*, *religious* ou *religieux*, *tesmoings* ou *tesmoins*, *tournoiz* ou *tournois*, etc. Quant à la ponctuation et à l'accentuation, on s'y conformera qu'autant qu'on le jugera nécessaire; mais ce qu'on ne devrait pas se permettre de changer, ce sont les *u* en *v*, les *i* en *j*, *et vice versâ*.

Pour les difficultés matérielles ou accessoires de l'écriture, qui surviendraient dans la transcription, faire comme pour la lecture, c'est-à-dire recourir au texte et aux planches.

COPIE DES PLANCHES.

ÉCRITURE DU XVIIe SIÈCLE.

Tracée avec hardiesse et netteté, quoique chargée de traits capricieux, cette écriture se laisse lire assez facilement par sa ressemblance avec notre ronde qui en dérive; quelques formes gothiques et de fréquentes liaisons de lettres causent seules des difficultés.

1.

L'An de Grace mil six centz vingt huict, le Jeudy vingt huictiesme jour de septembre a Gisors, deuant nous Jullian Le Bret sieur du Mesnil Guillebert, Conseiller du Roy, Viconte de Gisors et Grand Voyer en ladicte Viconté pour le Roy nostre Sire et pour monseigneur le Duc de Nemours et de Chartres, Comte dudit Gisors. Sur la Requeste faicte par Reuerend père domp Réné.

2.

A tous ceulx qui ces présentes lettres verront ou orront, le Garde du seel aux obligations de la Viconté d'Harcourt, salut: scauoir faisons, que par deuant Pierre Pinchon, Tabellion audict Harcourt, siége dudict lieu. Et Me. Jean Fouquet, prins pour adjoint, fut présente Catherine Bellet, veuve de feu Eustache Guesnier, demeurante en la parroisse de Bray, laquelle a vollontairement vendu. . . . . .

3.

A nostre treschere fille en nostre Seigneur sœur Renée de Haqueville, Religieuse professe de l'ordre de l'Annonciade (de) la Vierge sacrée Marie, au Monastère de saint Eutroppe, soubz Chanteloup, nous vous avons commandé et commandons par ces présentes, en la Vertu de Sainte Obiédiance de vous transporter promptement au monastère de Gisors et vous instituons et déclarons par ces présentes, mère et supérieure des Religieuses dudit monastère. Allez donc, au nom de Dieu, Et ces présentes seruiront de tesmoignage de vostre religieuse, honneste et irréprochable conuersation, à tous ceux. . . . . .

ÉCRITURE DU XVIe SIÈCLE.

Caractère assez lisible, étant écrit posément. Dans la cursive les liaisons et divers traits de plume en altèrent la forme et rendent l'écriture confuse, surtout si l'on y comprend les abréviations, le défaut d'accents et de ponctuation.

1.

Sur la requeste presentée aux Juges ordonnez par le Roy sur le fait des refformacions des forestz de Normendye par le procureur général du Roy. Contenant que par le moyen de la refformacion encommencée de plusieurs forestz de ce pays de Normendye. . . . . . quel boys et arbres sont comprins et entenduz par ces motz de boys mort et mort boys dont mencion est faicte en plusieurs tiltres lettres et chartres. Par le boys mort ce est entendu du boys sec, abattu ou en estant, et par le mort boys, le boys tel qu'il est déclairé en la chartre de Normendye et non aultre. . . . . . Le cinquiesme jour de may, mil cinq cens trente.

2.

En la dicte année, le Roy de Nauarre qui estoit filz de madame Jehanne fille du Roy, Loys dict Hutin, lequel ou Royaulme de France auoit faict plusieurs maulx, alla de vie à trespassement, a la mort duquel auoit ung euesque de Nauarre comme lon dict lequel feit une manière d'épitre à sa sœur de la mort du Roy en louant fort sa vie et sa fin.

3.

A tous ceulx qui ces présentes lettres verront ou orront. . . . . sçauoir faisons que pardeuant. . . . . . furent présens en leurs personnes Messire Yuerte Gueroult presbtre et Toussaintz Gueroult son frère marchant demourant audict Iury. Lesquelz de leur bon gré, recongnurent et confessèrent auoir vendu, ceddé, quicté, transporté et délaissé afin d'héritaige tant pour eulx que pour leurs hoirs, dès maintenant à tousiours, à honneste homme, Maistre Lancelot Legendre Licencié es loix, viconte dudict lieu d'Iury present acquisiteur tant pour luy que ses hoirs ou ayans cause.

—

ÉCRITURE DU XVe SIÈCLE.

Écriture généralement lourde, écrasée, difficile à déchiffrer, surtout tracée *currente calamo;* beaucoup de signes abréviatifs, dont quelques-uns sont peu distincts dans leur forme; *e* remplace *æ*, *œ;* le *c* et le *t* sont souvent mis l'un pour l'autre; les barres inclinées marquent les différentes pauses du discours; liaisons et conjonctions de lettres fréquentes.

1.

A tous ceulx qui ces lettres verront Nichollo de Freuille garde du scel des obligacions des Vicontés du Pont Autou et du Pont Audemer, salut savoir faisons que par Iohen de Bezu, tabellion iuré en ladicte Viconté du Pont Autou en siége du Bourgtheroude nous a esté tesmoigné auoir veu tenu et leu mot à mot vnes lettres saines et entières en seel et en escripture a lui présentées de la partie de messire Iohen du Bosc-Benard prestre desquelles la teneur en suit. . . . . En tesmoing de ce Nous à la Relacion dudit Tabellion auons mis à ce présent transcript le seel desdites obligacions. Ce fust fait l'an de grâce mil quatre cents trente sept le vingt septiesme jour de feurier.

2.

A tous ceulx qui ces présentes lectres verront, Michiel Daniel, Viconte d'Escouys, salut sauoir faisons que par devant Guillaume Leblanc, clerc tabellion juré de ladicte Viconté, En la compaignie de messire Jehan le Roux presbtre, son adioinct vint et fut présent en sa personne Guillaume Jouen de la paroisse de Menesqueville, lequel de son bon gré et bonne voulenté, sans aucune force ou contrainctc, congnut et confessa, avoir prins à rente, à héritaige a tousiours tant pour luy que pour ses hoirs de Religieux et honnestes personnes les religieux abbé et conuent de l'église Notre Dame de Mortemer en Lyons, bailleurs pour eulx et leurs. . . . .

3.

Comme nos trèsredoubtés dame et seigneur, madame Marie de Harecourt contesse de Vaudemont, et Jehan monseigneur de Lorraine son filz conte de Harecourt, désirans l'augmentacion de notredicte église fondée de leurs nobles progéniteurs. Et le diuin seruice y estre à tousiours continué à l'intencion de iceulx, aient en intencion d'acquerir le Royaulme celestiel, et pour la saluacion des ames de leurs ancesseurs et d'eulx, et en continuacion du bon vouloir de leurs dicts progeniteurs, donne à la dicte Eglise et à nous doyen et chanoines et nos successeurs à tousiours, l'église parroicial de Saint Pierre du Boscroger, avec le patronnage et tel droit qu'ilz auoient. . . . .

—

ÉCRITURE DU XIVe SIÈCLE.

Caractère précis et distinct quoique souvent très-serré; grand nombre d'abréviations; confusion du *c* avec le *t* minuscule; *e* mis au lieu d'*æ*, *œ*; accents sur les *i*; les petites barres obliques pour virgules.

1.

A tous ceuls qui ces presentes leittres verront et orront, Robert d'Artoys conte de Beaumont, sire de Danfront et de Meun sur Yeure salut. . . . . Comme Religieux hommes labbe et le conuent du Moustier de Notre Dame de Lire se fussent complains a nous que de leur propre fondation, il eusssent la disme en toutes les essues de la forest de Bretueil, emolumens, explaits, amendes et forfaitures, et une pièce de bois appellee la Chaeste et le pasnage duplain soient de antiquité des deppendances de ladite forest, et nos gens y eussent mis empeschement indeument et de nouuel, si comme ils disoient. . . . . Requerans nous que desdittes choses ostissions ledit empeschement et dicelles les laissisons jouir paisiblement. Donné à Conches, sous notre seel, en l'an et jour dessus diz.

2.

. . . . Et pour ce tenir, garder et fermement enteriner, les vendeurs chascun pour le tout obligèrent leur corps à tenir en prison fermée et tous leurs biens, meubles et immeubles présens et auenir a vendre et a despendre par main de justice se eulx venoient jamès encontre cest fait et jura laditte fame sur saintes euangilles avec l'auttorité et l'assentement de son dit mari qui présent estoit que james en la ditte vente riens ne demandera ne reclamera, ne fera demander ne reclamer par soi ne par autre, par raison de douaire, de mariage encombre, de don de neuches, de conquest, descange ne par nulle autre raison quelle que elle soit ou puist estre. En tesmoing de ce nous auons fait meittre a ces lettres le seel des dittes obligacions sauf autrui droit. Ce fut fait l'an Grâce mil trois cens trente huit, le lundi jour de la caere Saint Pierre.

3.

A tous ceulx qui ces lettres verront, Jehan Lotin, prestre Garde du scel de la Chastellerie d'Andely, salut, sauoir faisons que nous auoir veu et leu vnes lettres du pappe Innocent scelleez en seau de plom et en lais de soie sainez et entaires de scel et escripture contenant la fourme qui en sieut. Inpocentius episcopus seruus seruorum dei dilectis filiis Cantori et Canonicis ecclesie sancti Antony de Gaillone Ebroicensis diocesis, salutem et apostolicam benedictionem. Cum a nobis petitur quod. . . . . Si quis autem hoc attemptare presumpserit indignacionem omnipotentis dei et beatorum Petri et Pauli apostolorum eius se nouerit incursurum. Datum Lateranny VII Idibus Januarii pontificatus nostri, anno octauo decimo. Donné l'an de grâce mil trois cens soixante et sept, le mardj vint et un jour de septembre.

ÉCRITURE DU XIIIe SIÈCLE.

Beau caractère gothique qui perd de sa régularité dans la cursive, surchargé d'un très-grand nombre de signes abréviatifs. Le *c* et le *t* minuscules se confondent souvent; l'*e* simple employé pour *æ, œ;* quelques barres inclinées ou des points pour distinguer les membres de phrases; accents sur les *i;* conjonctions de lettres.

1.

A tous ceus qui ces letres verront Robert de Ys cheualier et seignor des Ys salus. Comme contens fust entendu à mouuoir entre moi le dit cheualier dune part et hommes religieus labbe et le couuent de Seinte Katerine joste Rouen d'autre. . . . . Sachies que je reperiee a pensee de preudomme pour Dieu et pour le salut de mame et de touz mes bons anchesours et pour esparnier a ma peine et a mon traual ai quitie les dis religieus et ai delessie mon errour desus dite et pour chen les dis religieus mont aquilli en lor bienfes et en lor oroisons moi et mes anchesors. En tesmoing de cheste chose ie lor en donne ches letres de mon seel, seelees lan de grace mil ij chens nonante et quatre en mois de septembre.

2.

Sciant omnes presentes et futuri quod ego Nicholaus de Boeles sincere caritatis intuitu pro salute anime mee et antecessorum meorum annuente hoc Meineut uxore mea dedi et concessi et presenti carta confirmavi in puram et perpetuam elemosinam Ecclesie sancte Trinitatis de monte Rothomagensi integre totum tenementum in masuris et edificiis ligneis et lapideis quod habebam apud novum castrum de Drincort ante cimiterium beate Virginis. Actum anno gratie Millesimo Ducentesimo vigesimo nono, mense Junii, in plenaria assisia apud nouum. . . . .

3.

Nouerint Vniuersi presentes pariter et futuri quod ego Guillelmus Strabo et Ego Aalicia Vxor sua pari assensu nostro pro salute animarum nostrarum et antecessorum nostrorum dedimus et concessimus Deo et Ecclesie Beate Marie de Salicosa et Canonicis ibidem deo seruientibus in puram et perpetuam elemosinam decem solidos Turonenses et duos Capones annui redditus, assignatos in quadam Domo apud Andelium... Ut autem hec omnia rata sint in posterum et stabilia, presentem cartam sigillis nostris roborauimus. Et ad maiorem confirmacionem Petrus Decanus de Pormor ad peticionem nostram presenti carte suum sigillum apposuit Actum anno Domini millesimo ducentesimo quadragesimo quinto, mense octobris.

4.

Notum sit omnibus presentibus et futuris quod ego Robertus de Malquenchi concedo et carta presenti et sigillo meo confirmo pro salute anime mee et heredum meorum Deo et Ecclesie Beate Marie sanctique Lauricii de Bello Beccho et monachis ibidem deo seruientibus septem solidos. . . . . Actum anno gratie millesimo ducentesimo vicesimo secundo.

ÉCRITURE DU XIIe SIÈCLE.

Belle écriture, quelquefois allongée dans les premières lignes des chartes et des diplômes de cette époque; beaucoup de signes et d'abréviations; l'*ę* avec cédille mis pour *æ, œ;* le signe & se trouve quelquefois dans les mots.

Exemple : *qui&a* pour *quieta;* ponctuation irrégulière.

1.

Ego Robertus de Harecort omnibus amicis et heredibus, balliuis et hominibus meis salutem. Notum sit uniuersis presentibus et futuris quod ego Robertus dedi monachis et abbatie sancte Marie de Noa, concedentibus filiis meis Ricardo, Johanne et Amaurico de Harecort. . .

Testibus Rogero de Angouilla. Galtero de braio. Gaufrido dimendona. Hugone de garde. Magistro Euroino. Actum Anno gratie millesimo centesimo nonagentesimo secundo.

2.

HUGO DEI GRATIA ROTHOMAGENSIS ARCHIEPISCOPUS, KARISSIMIS SVIS HELDEFRO Abbati ET CONUENTUI SANCTE MARIE DE LIRA in perpetuum. . . . Actum est hoc Rothomagi, Anno ab Incarnatione domini Millesimo Centesimo quadragesimo quinto. Regnante Rege Francorum LVDOVICO. *Sit pax domini nostri Jhesu Christi.*

3.

Anno ab incarnatione DOMINI millesimo centesimo uicesimo primo. Willelmus malet dedit deo et SANCTÆ MARIÆ becci conteuillam ita quietam et integram sicuti eam tenuerat ipse et antecessores eius et hoc pro salute anime sue et omnium parentum suorum. Et ego HENRICVS DEI gratia rex anglorum, hoc donum concedo pro salute animæ meæ et uxoris meæ et omnium antecessorum meorum et signo sigilloque meo confirmo.

Henricus rex. ✠ Adelica regina. ✠ Willelmus episcopus Wintonie. ✠

Rogerus episcopus Salesburie. ✠ Ranulfus cancellarius. ✠ Drogo de Munccio. ✠

Walterus filius Ricardi. ✠ Hugo de Gornaco. ✠ Comes Mellenti Gualeramus. ✠

Rodbertus comes leecestrensis. ✠

ÉCRITURE DU XIe SIÈCLE.

Caractère très-bien formé; l'écriture allongée et serrée qui se trouve employée dans les invocations, les souscriptions et l'apposition des dates des chartes et des diplômes n'est autre que des minuscules grandies et serrées les unes contre les autres, au nombre desquelles on remarque quelques majuscules; moins d'abréviations que dans le siècle précédent; *e* avec cédille pour *æ, œ;* & pour *et* dans les mots.

Exemple : *decr&um;* le point fait souvent la fonction de virgule.

1.

IN NOMINE SANCTE ET INDIVIDVAE TRINITATIS PHILIPPVS DEI GRATIA FRANCORVM REX PRESENTIBVS ET FVTVRIS IN PERPETVVM QVONIAM VNIVERSIS IN ORBE REGIBVS QVIBVS OMNIPOTENS CREATOR HVMANAM REM PUBLICAM REGENDAM DISTRIBVIT propositum constat in commune iustitiam colere, recta iudicare populisque subditis. Ut igitur hoc decretum a nobis promulgatum pleniorem obtineat uigorem, nostra manu subter apposito signo roborauimus atque fidelibus nostris presentibus robarandum tradidimus nostreque imaginis sigillo insuper assignari iussimus.

(PHYLIPPVS) [1].

PETRVS REGIAE DIGNITATIS CANCELLARIVS RELEGIT ET SIGILLAVIT.

SIGNUM PHILIPPI INCLITI ET SERENISSIMI ✠ FRANCORUM REGIS. DATA KALENDAS AVGSVTI. (MLXVIII.)

2.

. . . . Ego RADVLFVS. . . . . pro spe salutis æternæ monasterio SANCTÆ CRVCIS sub presentia domni ODILONIS eiusdem loci abbatis. Siluam quandam in monte qui est super uillam quæ CALLIACVS dicitur sitam, quæ erasso uallo interiacente. . . . .

SIGNVM GVILLELMI REGIS ANGLORVM ✠ SIGNVM REGINE MATHILDIS ✠ SIGNVM RADVLFI DE CONCHIS ✠ SIGNVM GISLEBERTI EPISCOPI EBROCENSIS ✠.

[1] Traduction du monogramme, sorte de chiffre composé, dont toutes ou les principales lettres d'un nom sont ordinairement disposées en forme de croix, avec ou sans lozange au centre; dans les diplômes, les chartes et les bulles, le monogramme est d'autant plus aisé à interprêter, qu'il est le chiffre du personnage au nom duquel l'un de ces titres est dressé.

FIN.

TABLE DES MATIÈRES.

FIN DE LA TABLE.

Alphabets.

Majuscules.

Minuscules.

Liaisons.

Chiffres.

1. 2. 3. 4. 5. 6. 7. 8. 9. 0.

Ecriture du XVIIe Siècle. Exercices.

1.

L'an de Grace Mil six cent vingt huict Le Jeudy vingt huictme Jour de Septembre devant nous Jullian Le Bret Sieur du Mesnil Guillebert Conser du Roy Vicomte de Gisors Et Grand Voyer en Ladicte Vicomté pour Le Roy nostre Sire Et pour Monseigneur Le duc de Nemours Et de Chartres comte dudit Gisors Sur la Requeste faicte par Reverend pere Domp [illegible]

2.

A tous ceulx qui ces presentes Lettres verront ou orront le Garde du seel aux obligations de la Vicomté d'Harcourt Salut scavoir faisons que Par devant Pierre Pinchon Tabellion audict Harcourt siège dudict lieu Et Me Jean Fouques prins pour adjoint fut presente Catherine Bellet Ve de feu Eustache Quesnier demeurante en la parroisse de Bray La quelle a volontairement vendu

3.

A nostre treschere Fille en nre Seigneur Sr Renée de Haguenville Relig. professe de L'ordre de L'Annonciation de La Vierge sacrée Marie, au Monastere de St. Eutrope soubz Chanteloup, Nous vous avons commandé et commandons par ces presentes, en La vertu de Ste Obedience de vous transporter promptemt au Monastere de Gisors et vous Instituons et declarons par ces presentes Mere et Superieure des Religieuses dudit Monastere. Allez donc au nom de Dieu, et ces presentes serviront de tesmoignage de vre religieuse, honneste, et irreprochable conversation, à tous ceux

Abréviations.

appartiendra	ladite.	parroisse.
autres.	ledit.	presentes.
collation	lesquels.	parroisse.
commissaire	lettres.	qualité.
id.	Maistre.	receveur.
comme.	Majesté.	requestes.
Conseils.	notre.	registré.
Conseiller.	notre.	rellation.
Controlleur.	nous.	Saint.
confirmation.	Notaire.	Secretaire.
d'autre.	obligations.	Sieur.
declaration.	ordinaire.	Seigneur.
demeurant.	Parlement.	soubzsigné.
desdits.	presence.	tesmoing.
dudit.	presens.	tabellion.
equallement.	presentement.	testament.
Escuyer.	prestre.	terre.
entre.	parroisse.	tournois.
faire.	pour.	votre.
general.	pour.	votres.
heritiers.	Pierre.	Veuve.
honneste.	Province.	vous.

signes représentant la conjonction et.

signe employé pour la terminaison us.

Ex. vous. nous. plus.

lettres mises pour par ou per dans les mots. Ex.: Superieure, partie, parties.

pour que, celle, celles, quel, quelles.

Alphabets.

Majuscules.

A. B. C. D. E. F. G. H. I. K. L. M. N. O. P. Q. R. S. T. V. X. Y. Z.

Minuscules.

a. b. c. d. e. f. g. h. i. k. l. m. n. o. p. q. r. s. t. u. v. x. y. z.

Liaisons.

ch. che. ce-er. ces. es. ct. de dh. el. en.

er. es. et. en. ff. fe. ge. go. her. in. in.

ll. le lo. li. mi. mu. nu. ou. pr. rr.

sp. st. st. ss. te. to. tz. vre. uo. w.

Chiffres et Nombres.

1. 2. 3. 4. 5. 6. 7. 8. 9. 0.

Mil 580. mil 563.

32 solz 6 deniers. 3 livres.

10 solz tournoiz. 20 livres.

Ecriture du XVIe Siècle. Exercices.

1

Sur la requeste presentee aux Juges ordonnez par le Roy sur le fait des reffformacions des forestz de Normendye par le procureur general du Roy. Contenant que par le moyen de la reffourmacion encommencee de plusieurs forestz de ce pays de Normendye ...... quel boys et arbres sont comprins et entenduz par ces motz de boys mort et mort boys dont mencion est faite en plusieurs tiltres lectres et chartres par le boys mort Ce est entendu du boys sec abbatu ou en estant Et pour le mort boys Le boys tel quil est declaire en la charte de Normendye et non aultre... Le cinq.^e jo^r de may mil v^c xxx.

2

En ladicte annee le Roy de Navarre qui estoit filz de Madame Jehanne fille du Roy Loys dict Hutin lequel ou Royaulme de France avoit faict plusieurs maulx alla de vie a trespassement. A la mort duquel avoit ung evesque de Navarre comme lon dict lequel feit une maniere despiter a sa seur de la mort dud. Roy en lorant fort sa vie et sa fin.

Oudict temps y avoit ung gentil chevalier nomme Messire Jehan de Carrouges lequel avoit espouse une tresbelle et vaillante dame lequel par aucun temps avoit este absent et quand il fut venu, en tres doulloureuse tristesse et desplaisance dist a luy, mais quelle avoit este congneue charnellement.

3

A Tous ceulx qui ces presentes lettres verront ou orront ...: Scavoir faisons que pardevant .... furent presens en leurs personnes Messire Pierre Guerould prebstre et Toussaincts Guerould son frere marchant demourans audit lieu de Lessigneulx de leur bon gre recongnurent & confesserent avoir vendu ceddé quicte transporte & delaisse a fin dheritage tant pour eulx que pour leurs hoirs du tout desmais [illegible] a honneste homme Maistre Lancelot Legendre [illegible] present acquisiteur tant pour luy que ses hoirs ou ayans cause.

Abréviations.

affres. *affaires.*	dispon *disposition*	mon. *monnoye.*
apz. *aprez*	donn. *donnéez*	No^bre *Novembre.*
appre. *apparoistre*	egl^e. *église.*	N^bre *id.*
ass. *assis.*	exposs^t *exposant.*	ordre. *ordinaire.*
ass^r *assavoir.*	fondaon *fondation*	ptes *presentes.*
av. *avoir.*	gnal. *général*	po^3 *pour.*
aud. *audict.*	gre. *grace.*	procur *procureur*
baill. *baillage.*	herit *héritaige*	poss. *possession.*
chapre *chapitre.*	habitans *habitans*	req^te *requeste*
chlr. *chevalier.*	hoe. *homme.*	rep^te *recepte.*
chres *chartres.*	hon. *honneste.*	s^ce *service.*
ch^n *chacun.*	honble *honorable*	S^tes *saincte.*
coe. *commé.*	Ill^me *Illustrissime*	soe. *somme.*
copp^e *coppie.*	joux^e *jouxte.*	soix^te *soixante.*
declon *déclaration*	jo^r *jour.*	Srs *Sieurs.*
deff^r *deffendeur.*	lad. *ladicte.*	susd. *susdicte*
demour^s *demour.^s*	lic. *licencié*	tourn. *tournoiz*
den^s *deniers.*	licen *id.*	vic. *Vicomte*
desmaintenant *desmaintenant.*	Messrs *messeign.^rs*	vicon *Vicomté*
dess^s *dessus.*	mesd. *mesdicts.*	xpien *chrestien.*

Signes et lettres abréviatifs.

9 Syllabe com, con. Ex.	2 terminaison us Ex.	P mis p.^r par, per. Ex.
9d^on condampnation	to^2 tous vo^2	ptout par tout.
9ten. contenant.	3 terminaison ur. Ex.	p^sone personne
9^tre contre.	po^3. pour	P mis pour pro. Ex.
9mis commis.	procur^3 procureur	pmist premist
C. C. et	—	P mis pour pré. Ex.
etc. et coetera.	s. solz d. denier	ptres. prestres.

Alphabets.

Majuscules.

Minuscules.

Liaisons.

Chiffres.

Ecriture du XV.e Siècle. Exercices.

1.

2.

3.

Abréviations.

acte.	estant.	nonobstant.
de cause.	especial.	notredict.
de jamais.	exécutoire.	obligations.
appartient.	extraordinaire.	officiers.
de présent.	faire.	opposition.
au terme.	faisant.	ordonné.
autrement.	quelque chose.	présentation.
bout.	grâce.	plusieurs.
boisson.	général.	paroisse.
bien.	guillaume.	par devant.
cause.	habitans.	propre.
collation.	habitant.	que.
contre.	hoir.	quilz, quant.
comparoir.	impetrant.	relation.
d'aultre part.	Jehan.	rescription.
et les bouts.	justice.	Seigneur.
d'un côté.	information.	Seigneurie.
demandeur.	item.	sachent.
deppositions.	kalendes.	seulement.
d'un bout.	livres.	S.t Jehan.
desquelles.	la baillie.	S.t Michel.
dernier.	lieutenant.	S.t Remy.
d'Amyens.	lettres.	tabellions.
epistre.	maistre.	terre.
encontre.	mandement.	terme.
ensuivant.	monsieur.	toutesfois.
entre.	mondict.	venant.

Lettres et signes abréviatifs.

pour com, con. Ex.	pour pro. Ex.	pour Ser. Ex.
contenant	prochain.	Sergens.
communauté.	procureur	pour ter, tre. Ex.
contre.	pour pre. Ex.	terme.
consideran.	perpetuel.	entre.
comment	part.	à signe pour la syllabe ur.
comparoir.	pervis.	

Alphabets.

Majuscules.

Minuscules.

Liaisons.

Chiffres.

Ecriture du XIV.e Siècle. Exercices.

Abréviations.

à bien	esteigné	omnipotentis
avons	episcopus	octave
aboutant	evangelistes	ottrié
apostolique	examinez	sachent
apostolorum	ferme	sera
après	furent	sancti
autem	faisse	servorum
autre	graces	serment
baptiste	hebergement	semestier
benedictionem	heritage	salut
biens	habitation	sicuti
boutans	hoirs	sont
chapellenie	jadis	parchonier
chevalier	idibus	promettons
clerc	item	pardevant
datum	jugement	pendans
damages	juing	porquoy
dessus	livres	quod
dilection	lequel	quant
disoit	laure	religieuse
droicte	mandons	relaxation
doncques	mestier	renunciation
d'iniquité	monstier	tournois
en, est	moins	vergée
[illegible]	notre seigneur	Vicomte
ecclesie	nostri	Vernone

Lettres ou signes abréviatifs.

p pour pri. Ex.	q pour qui. ex.	pour ver. ex.
preneur	quittié	verrent
p pour pri. Ex.	quil	vers.
prison	s pour ser. Ex.	
prieurs	sera, sa, seroit, sez	pour ct.

Alphabets.

Majuscules.

A A B B C D D. E E F G H H I. K L M M N O P. P Q R R S S T. U V X Y Z Z Z.

Minuscules.

a a a. b b b. c c c. d d d d. e e e. f f f f. g g g. h h h i i j. k k k. l l l. m m m. n n n. o o. p p. q q. r r r r. s s s s s s. t t. u u u v v. x x x. y y y. z z z.

Liaisons.

ca. ce. ci. co. et. de. de. dea. en. fi. gi.

in. lb. ll. mi. ni. po. pe. qu. ri. ra. rt. re.

sd. st. st. ta. te. ti. tr. to. ve. ve. W.

Chiffres.

1. 2. 3. 4. 5. 6. 7. 8. 9. 0

mil. 200. 80. et 8. 1248. 1297. 1221.

primo. tertius. quatuor. quinti. sex. septem. id. octo. nonus. decem.

200. V solidos. X libras. quadragesimo. 300,000. un.

sex viginti libras. per III dies. millesimo ducentesimo sexagesimo quinto.

Ecriture du XIII.e Siècle. Exercices.

1

A tous ceus q̃ ces letres verront Robt̃ de … ch̃r ⁊ seignor des … salus. Come ◌̃tens fust entendu a mouuoir entre moi le dit ch̃r dune part / Et homes relig̃ labbé ⁊ le couuẽt de seinte katerine joste Rouen dautre / ….. Sachies que ie reperiee a pensee de preudome pour dieu ⁊ pour le salut de marme ⁊ de touz mes bons ancheseurs ⁊ pour esparnier a ma peine ⁊ a mon t̃ual si quite les dis relig̃ ⁊ di delesse mon errour desus dite ⁊ pour chen les dis relig̃ mont acq̃lli en lor bienfes ⁊ en lor oreisons moi ⁊ mes ancheseurs. En tesmoing de cheste chose je lor en donne ches letres de mon seel seelees. Lan de g̃ce mil ⁊ ij. chens nonante ⁊ quatre. en mois de septembre.

2

Sciant om̃s presentes ⁊ futuri quod Ego Nicholaus de Boeles sincere caritatis intuitu pro salute anime mee ⁊ antecessorum meorum. annuente hoc meriare uxore mea dedi ⁊ concessi ⁊ presenti carta confirmavi in purā ⁊ ◌̃petuā elemosinā Ecclie sc̃e Trinitatis de monte Rothom̃ integre totū tenemētū in masuris ⁊ edificiis ligneis ⁊ lapideis quod habebam apd̃ nouum castrum de Drincort ante cimitēriū beate marie ligneis. Actū anno gr̃e. M. CC. xxx. mense Junii. in plenaria assisia apd̃ nouū …

3

Nouint vniusi ◌̃sentes ◌̃nt ⁊ futri q̃d Ego Guills strabo ⁊ Ego Aalicia vxor sua pari assensu ◌̃ro ◌̃ salute animarū ◌̃rarum ⁊ antecessor ◌̃ror dedim̃ ⁊ concessim̃ deo ⁊ ecctie Bẽ Mar̃ de Salicosa ⁊ Canonicis ibidem deo seruientibz in puram ⁊ ◌̃petuam elemosinam Decem solid Turon ⁊ duos capones annui redditus assignatos in quadam domo apud andeleium … Ut aut̃ hec omīa rata sint in posterum ⁊ stabilia ◌̃sentē Cartam sigillis n̄ris roborauim̃. Et ad maiorem confirmacionem ◌̃etri Decan̄ de Pormor ad peticionem n̄ram ◌̃senti Carte suum sigillū apposuit. Actū anno dn̄i. M. CC. XL. Quinto. mense Octob …

Nouerint omnes ◌̃sentes ⁊ futuri q̃d Ego Robert de Malauchi concedo et Carta presenti et sigill meo confirmo ◌̃ salute anime mee ⁊ heredum meorū deo et Ecctie beate Marie Sc̃iq; Laurentii de Bello Becco et monachis ibidē deo seruientib … sol. … Actū anno gr̃e. M. CC. vicesimo sedo.

Abréviations.

Abbate.	*libere.*	*rationabiliter.*
actum.	*litterarum.*	*rubrice.*
animarum.	*Maria.*	*sacrosancta.*
anime.	*mihi.*	*salutem.*
anno.	*multis.*	*sancte.*
apud.	*Millesimo.*	*secundo.*
aquis.	*non.*	*scribere.*
archiepiscopo.	*notis.*	*sicut.*
autem.	*noverint.*	*singulis.*
baronibus.	*noster.*	*solidos.*
beate.	*nostrum.*	*super.*
Comitibus.	*nostris.*	*supra.*
ducentesimo.	*non.*	*sed.*
cum.	*omnes.*	*tamen.*
dapifer.	*omnes.*	*tunc.*
defferia.	*omnibus.*	*testibus.*
dei. deo.	*pro. per.*	*tenementum.*
domini.	*per, par, por.*	*temporibus.*
Ecclesie.	*pro.*	*terre.*
earundem.	*parisiensis.*	*tradidi.*
episcopus.	*presbyter.*	*tamen.*
episcopis.	*prefatam.*	*trans.*
ejusdem.	*predicti.*	*tibi. tri.*
ejus.	*pluribus.*	*turonensis.*
filius.	*pariter.*	*tres.*
fenerarum.	*preterea.*	*tribus.*
fratre.	*pratis.*	*tantum.*
futuris.	*post.*	*vacante.*
gratia.	*que. quae.*	*Valeriis.*
gentes.	*qui. qd. quid.*	*venerabili.*
igitur.	*qua. quam.*	*venerit.*
habebamus.	*que. quae.*	*Usuris.*
heredes.	*qui. qd. quid.*	*vicecomitibus.*
habemus.	*quo. quomodo.*	*videlicet.*
habere.	*quorgus. quoque.*	*vel.*
in. id est.	*quis. quicquid.*	*unum.*
inter.	*quod.*	*n. vero. u. ubi.*
Justiciariis.	*quecumque.*	*quinto.*
justis.	*redditus.*	*christi.*
kalendas.	*religiosis.*	*decimo.*

Signes abréviatifs.

… } *et.* … } *etiam.* … } *ur.*

Chassant sculpsit. Imp. lith. … Paris.

Alphabets.

Majuscules.

A A. B. C. C. D. E
E. E. F. F. G. G. H.
I. J. K. K. L. M. N.
N. O. P. Q. R. S. S.
S. T. U. V. X. Y. Z.

Minuscules.

a a. b b. c c. d d d. e e e. f f. g g. h h. i i j.
k k. l l. m m. n n. o o. p p. q. r r.
s s s. t t. u v. x x. y y. z z.

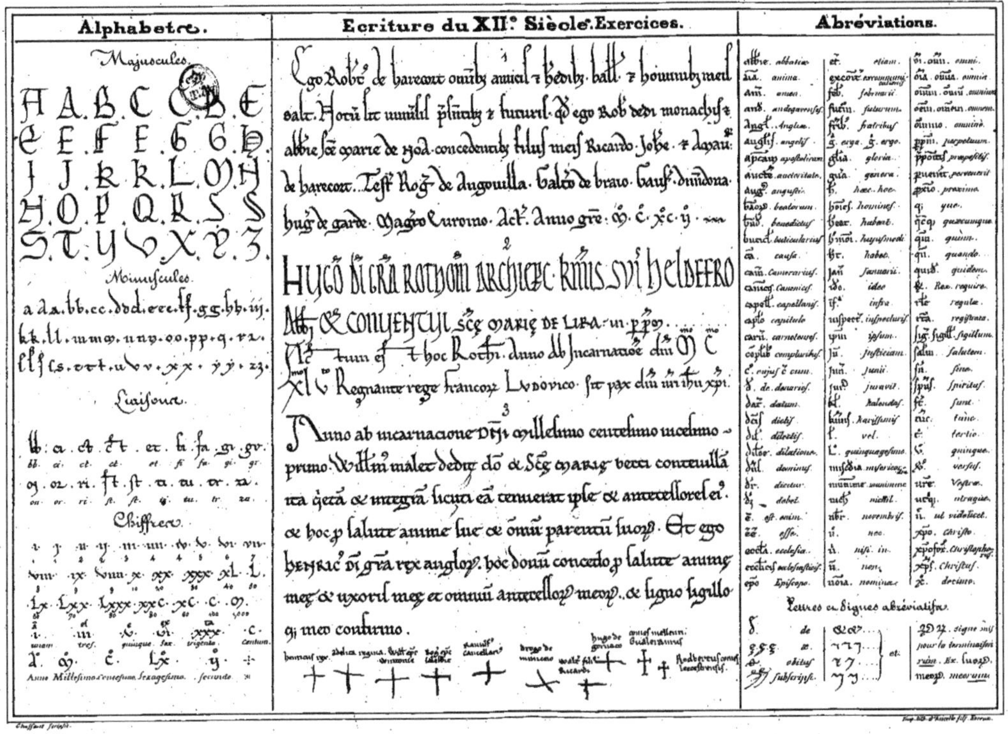

Liaisons.

bb. ci. ct. ct. et. fi. fa. gi. gr.
on. or. ri. ft. st. u. tu. tr. ra.

Chiffres.

i. ij. iii. iiij. v. vi. vii. viii. ix.
1. 2. 3. 4. 5. 6. 7. 8. 9.
x. xx. xxx. xl. l. lx. lxx. lxxx. xc. c. m.
10. 20. 30. 40. 50. 60. 70. 80. 90. 100. 1000.
uiam. tres. quinque. sex. trigenta. centum.

M. C. LX. ij.
Anno Millesimo centesimo sexagesimo secundo.

Ecriture du XII.e Siècle. Exercices.

1

Ego Robt' de harecort omnibz amicis & hominibz ball' & hominibz meis salt. Noverit' tam presentes quam futuri quod ego Rob' dedi monachis & abbie Sce Marie de Nod concedentibz filiis meis Ricardo Johe & ... de harecort. Test' Rog' de augouilla. Galt' de brao. Gauf' dimdona. hug' de garde. Magro Curoino. Act'. Anno gre M. C. xc. ij.

2

HUGO DI GRA ROTHOM ARCHIEPC. RIVUS SVI HELDEFRO Abb & CONVENTUI SCE MARIE DE LIRA ... Actum est hoc Rothi. Anno ab Incarnatione dni M C XL V. Regnante rege francorum Ludovico. Sit pax dni nri ihu xpi.

3

Anno ab incarnacione dni millesimo centesimo vicesimo primo Willms maler dedit dō & Sce Marie ... terra ita quieta & integra sicuti eā tenuerat ipse & antecessores ei9. & hoc p salute anime sue & omniu parentu suo2. Et ego henric di gra rex anglo2. hoc donu concedo p salute anime mee & uxoris mee et omniu antecessor2 meo2. & signo sigillo q; meo confirmo.

Signum regis. Adeliza regina. ... Rannulf' cancellar'. Drogo de monceio. ... Hugo de gornaco. Walt' fili Ricardi. ... Rodbertus comes ...

Abréviations.

abbie. abbatiæ	et. etiam.	oi. oim. omni.
aia. anima.	excoicat. excommunicatus	oia. oima. omnia
am. amen.	feb. februarii.	oium. oium. omnium
and. andegavensis.	futm. futurum.	oem. oinem. omnem.
Angl. Angliæ.	frib. fratribus	oino. omnino.
angli. angelis.	g. erga. g. ergo.	ppm. perpetuum.
apcam apostolicam	glia. gloria.	ppotus propositus.
aucte. auctoritate.	gna. genera.	pvenit. pervenerit
aug. augusti.	h. hæc. hoc.	pxio. proximo.
bao2. beatorum.	hoies. homines.	q; que.
bnd. benedictus	hent. habent.	qcq; quæcumque
buticl. buticularius	hmoi. hujusmodi	qm. quum.
ca. causa.	ht. habet.	qn. quando.
cam. Camerarius.	Jan. Januarii.	quid. quidem.
canicus. Canonicus	ido. ideo	R. Rex. require.
capell. capellanis.	if. infra	rle. regulæ.
caplo. capitulo	inspect. inspecturis.	rta. registrata.
carn. carnotensis.	ipm. ipsum.	sig. sigill. sigillum.
coplib. compluribus.	Ju. Justiciam.	salm. salutem.
c. cujus c. cum.	Jun. Junii.	sn. sine.
d. de. denarios.	jur. juravit.	sps. spiritus.
dat. datum.	kl. kalendas.	st. sunt.
dcis. dictis	kmis. karissimis	tnc. tunc.
dil. dilectis.	l. vel.	c. tertio.
dilo. dilatione.	L. quinquagesimo.	v. quinque.
dns. dominus.	misdia. misericordia.	v. versus.
dr. dicitur.	unanime. unanimiter	vre. Vestræ.
d; debet.	nich. nichil.	utq;. utraque.
e. est. enim.	nbr. novembris.	sc. ut videlicet.
ee. esse.	n. nec.	xpo. Christo.
eccla. ecclesia.	n. nisi. in.	xpofor. Christophorus.
eccliasticis. ecclesiasticis.	n. non.	xps. Christus.
epo. Episcopo.	noia. nomina.	x. decimo.

Lettres et Signes abréviatifs.

d. de	& &… } et.	2. signe mis pour la terminaison rum. Ex. suo2. meo2. meorum
e. æ.	7 7 7…	
ob. obitus	7 7…	
ss. subscripsit.	7 7…	

Chassant scripsit.

Imp. lith. d'Ancelle fils. Evreux.

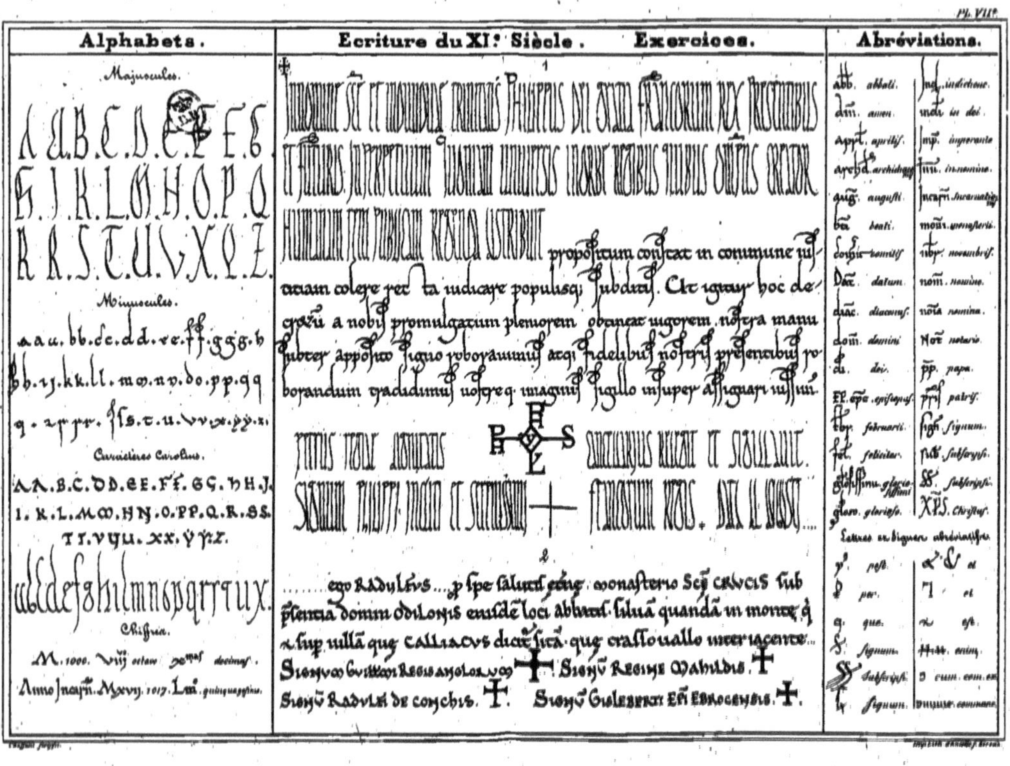
Alphabets.
Ecriture du XI.e Siècle.
Exercices.
Abréviations.
Majuscules.
Minuscules.
Caractères Carolins.
Chiffres.
Lettres en signes abréviatifs.

* Tableau raisonné des lettres et des signes abréviatifs usités dans les Mss. et les Ch.[tes] PL. VIII.

N°	Signes.	Valeur.	Emploi.
1	[illegible]	m – n.	meū. fidelium. cōmuna. quē. * cōtinet. iter. cōtra. mēte * annuati. ānū. * dnica. Sca. dno. epi. aplice. * Act. dat. Testim. Rothom. Offic. sot. *
2	[illegible]	er – re ir.	potant. libe. uoluit. uit. * hedes. impte. * cata. meātur. cautē. tg. * pt. libat. * lb. mtrs. singlis. ul. libltis. * apli. tra. fas. * confino. xgo. xum. abe. xrus. *
3	[illegible]	us – os.	min. amic. ei. itum. uolum. augt. * pt. u. pssit. iurg. * pteri. psidem. * ddung. cotodit. intg. quibg. fuerung. decanatg. * plurib. omnib. *
4	[illegible]	ur – tur.	c. igit. ie. plima. dicit. uisris. furi. exhortam. fiunt. scriptam. fert. * combut. cabat. prificat. * interpreta. scribi. accusa. *
5	[illegible]	s.	plure. fidele. depdat. ui. plot. no. pacha. * omp. de. b. d. alb. *
6	[illegible]	cum – com cun – con.	quibusq. quosque. locq. circscripti. * quiune. iqmodum. qprehendit. * qcis. nosatur. digtur. * qtra. scelit. inocussa. qtinet. iqtineater. *
7.	[illegible]	que – et us – m.	q. atq. usq. * atq. uez. quoq. * habz. placz. tz. prebz. * quibz. quibzdam. omnibz. precibz. * Redditu. inz. bonuz. etez. cadez. * prodz. pz. interz. * q. gz. rz. ez.
8	[illegible]	rum.	filioz. seruoz. suoz. animaz. bonoz. eozdem. corppitur.

Lettres abréviatives. (1)

- ā. am, an .... meā. inulen. āra. tātum
- b b. bus, bis, ub, ber, .. omnib. uob. publico. pribe.
- c̄. com, con, cum, cun, cūnum. cītra. nobisc. secdo.
- d. dum, der, ... inerid. noud. incedet. ude.
- ē. est, ēē. esse. ē en, em. interē. ēēma. serena. ēptum.
- f f. fer, fir, fre. .... infus. confino. fquenna.
- g. ger. gre .... auge. conggans. ggs.
- h h. her .... hedes. trahe. hedicagio. he.
- ī. in. im .... iter. ifra. inolat. turri.
- l l. ul, el, ler. .... popti. telo. ut. anglis. dele.
- m̄ men, mun, um, . tenemto. inse. inmdo. scriptū
- n̄. non, nun, en, ... idum. nquam. debito. libnter.
- ō om, on. – io. ion. .. cōmodis. cōtra. actone. institutoe.
- p pro .... pria. phat. inpbare. compmiss.
- p. per, par, por, ... ops. sup. padisi. ptes. optet. impe.
- p̄ pre, præ, ... expssis. ptium. pbet. pterea. pēe.
- q̄ que, qum ..... loqris. qm. qdam. qliber.
- r. rt. runt. rum. . dedert. responder. suer. reyf.
- f f. ser .... fuorum. prestiin. consuare.
- t̄ ter, tre, tur, tum, – int. tg. dicit. scripto. dat. det.
- ū. um, un. ; vir, ver. meū. ude. brutg. bum. bo.

(4)

Lettres supérieures terminatives.

a. aliqui.	e. equi	i. ima, illo.	p. pater.	s. sibi.
a. aliquo.	e. erit	l. littera.	p. potest.	s. super.
a. aut.	f. feria	m. mihi.	q. qua	t. tibi.
b. breviter.	g. ergo.	m. modo	q. que.	t. tunc.
c. contra.	g. igitur.	m. mo.	q. qui.	u. ubi.
c. cui	g. ergo.	u. minc.	q. quo.	u. vero.
d. dicitur.	h. hunc, hoc	n. nisi, in.	r. ratio.	u. ut.
e. extra	h. hoc.	n. nullo	s. supra.	x. decimo.
e. equa.	i. ita.	o. omni.	s. sic.	x. Christo.

(3)

Lettres supérieures non-abréviatives.

I.

uina. alba. euangelista. uidbunt. me. dixt.

II.

fecimus. suum. meos. scapulus. miserum.

(2)

Petites lettres supérieures abréviatives.

Voyelles.		Voyelles		Consonnes.	
a	acs. quam. inf. tribe. prg	a	crufice. incnat. intro. cta	c	don. peare. h. rioris. adsta.
e	fg. caute. integ. impssione.	e	ubis. insuis. inctum. bibe.	m	interd. monument. nostr.
i	sacsta. pore. tgenta. febs. ta.	i	ubite. cta. finiter. oculo.	r	mat. felicit. frat. sup.
o	fac. intduct. lib. pot. ags.	o	adaut. ftuna. incporauit	r	dixit. creat. refert. tradit.
u	ccis. congta. btis. pdenter. cc.	u	figare. fris. mmat. cris.	t	proced. inuenit. fu. fec.

Chassant scripsit.

Imp. lith. de Lemaître fils, Évreux.

www.ingramcontent.com/pod-product-compliance
Ingram Content Group UK Ltd.
Pitfield, Milton Keynes, MK11 3LW, UK
UKHW020210200726
13856UKWH00004B/1288

9 782011 900838